世界遺産

World Heritage of Osaka
Mozu-Furuichi Kofun Grou
Mounded Tomb of Ancient Japan

百舌鳥・古市 古墳群ガイド

GUIDE BOOK

古墳を探訪する際の注意点

■私有地には立ち入らない
私有地の中にある古墳や、古墳を私有地が取り囲んでいる場所がある。私有地には立ち入らない。

■お静かに
住宅地にある古墳がほとんど。近隣住民に迷惑をかける、いかなる行為も厳禁。

■自家用車は使わない
古墳周辺に見学者のために用意された駐車場はほぼないので、徒歩あるいは自転車での探訪が望ましい。自家用車を使う場合は、あらかじめコインパーキングなどの場所を確認後、そこに駐車しよう。

■遺物を拾わない
埴輪のかけらなど、めったに落ちてはいないが、あったとしても拾って持って帰らないこと。葺石も立派な遺物なので、こちらも持って帰らない。

この本の見方・注意書き

2-1 仁徳天皇陵古墳 → P26
Nintoku-tenno-ryo Kofun

この色で示された古墳は世界遺産に登録された古墳である。古墳名は世界遺産に登録された名称を使用した。頭の数字は世界遺産の構成資産番号。

仁賢天皇陵古墳 → P200
Ninken-tenno-ryo Kofun

この色で示された古墳は世界遺産に登録されなかった古墳である。古墳名は「百舌鳥・古市古墳群世界遺産保存活用会議」が使用する名称を用いた。

レンタル自転車貸し出し所　🚲：もずふるレンタサイクル、🚲：さかいコミュニティサイクル
　　　　　　　　　　　　　　　　　　　※サービスの互換性なし

■史実との相違
『日本書紀』や『古事記』などに記された出来事（治世の年代を含む）は、史実と考えられないところがある。あくまで「歴史書にはそう記述されている」という観点で読んでいただきたい。

■採録基準
「百舌鳥・古市古墳群世界遺産保存活用会議」の資料をもとに編集部が選択した。

■現状との差異
古墳の周辺を私有地が取り囲んでいることが多く、撮影時から著しく景観が変わることがある。あらかじめご了承いただきたい。

もくじ

各古墳のページはカバーの「そで」の部分を参照。

本書の人名の読み方は世界遺産登録名を基本とし、それ以外の人名や地名の読み方は、黒板勝美編『日本書紀』（岩波文庫）を参考にしました。

古墳群の場所

大阪府
Osaka Prefecture

大阪市
Osaka City

堺市
Sakai City

関西空港
Kansai Airport

藤井寺市
Fujiidera City

羽曳野市
Habikino City

百舌鳥古墳群は大阪府堺市に、古市古墳群は羽曳野市と藤井寺市に分布する。両古墳群は8kmほど離れている。

1km

百舌鳥古墳群
Mozu Area

堺東駅
Sakaihigashi sta.

三国ヶ丘駅
Mikunigaoka sta.

百舌鳥駅
Mozu sta.

中百舌鳥駅
Nakamozu sta.

JR Hanwa Line
JR阪和線

Subway Midosuji Line

堺市
Sakai

Nankai Railway Koya Line
南海高野線

3

空から見る百舌鳥古墳群

大阪府堺市に分布する古墳群です。堺は昔も今も港町として栄えています。現在では海の埋め立てが進み、古墳群と海との距離は離れましたが、築造当時は仁徳天皇陵古墳や、履中天皇陵古墳は今よりも海岸線の近くにありました。大陸の国々、また九州や山陽・山陰諸国との海の玄関口として堺は機能していました。朝廷の威光を示すモニュメントとして、陵は利用されたのだといわれます。この地域に現存する古墳は44基、そのうち23基が世界遺産に登録されました。

15 履中天皇陵古墳 → P54
Richu-tenno-ryo Kofun

18 いたすけ古墳 → P84
Itasuke Kofun

写真：堺市

4

堺港

Mozu Kofun Group is located in Sakai City, Osaka. Sakai has flourished as an important port city since old times. Although the tumulus cluster is now away from the sea because of land reclamation, Nintoku-tenno-ryo Kofun and Richu-tenno-ryo Kofun were once closer to the coastline at the time of construction. Sakai used to function as a maritime gateway not only to domestic regions of Kyushu, Sanyo and Sanin, but to countries on the continent including China. Kofun is considered to be used as monuments to demonstrate the power of the Emperor at the top of the Imperial Court. While 44 kofun currently exist, 23 of them were inscribed in the World Heritage Site list.

2-1 仁徳天皇陵古墳 → P26
Nintoku-tenno-ryo Kofun

20 御廟山古墳 → P90
Gobyoyama Kofun

仁徳天皇陵古墳

履中天皇陵古墳

御廟山古墳

いたすけ古墳

2km

N

空から見る古市古墳群

　　大阪府羽曳野市、藤井寺市に分布する古墳群です。大阪府と奈良県を隔てる生駒山地と金剛山地、この２つの山々の重なりを隔てる大和川。この大和川が大阪平野に流れ出すところに存在します。それはつまり奈良県の飛鳥一帯にあった大和政権の中枢部に最も近い、大阪湾を望む場所といえます。このあたりは「近つ飛鳥」と古来からよばれていた場所（羽曳野市飛鳥を中心とする一帯）に隣接しています。この地域に現存する古墳は 45 基、そのうち 26 基が世界遺産に登録されました。

Furuichi Kofun Group is located throughout Habikino City and Fujiidera City, Osaka. The mountains of Ikoma and Kongo spread and separate Osaka from Nara, and Yamato River runs through the chain of the mountains. Where Yamato River flows into Osaka Plain, the Kofun Group is located. That is to say, the tumuli were constructed on the closest land to the heart of Yamato Administration in Asuka region of Nara, from which Osaka Bay could be viewed. This area is next to the place centered on Asuka of Habikino City that has been called "Chikatsu Asuka (which means 'near Asuka')" since ancient times. While 45 kofun currently exist, 26 of them were inscribed to the World Heritage Site list.

25 允恭天皇陵古墳 →P174
Ingyo-tenno-ryo Kofun

26 仲姫命陵古墳 →P160
Nakatsuhime-no-mikoto-ryo Kofun

23 仲哀天皇陵古墳 →P194
Chuai-tenno-ryo Kofun

仁賢天皇陵古墳 →P200
Ninken-tenno-ryo Kofun

大和川

生駒山地

允恭天皇陵古墳

仲姫命陵古墳

応神天皇陵古墳

仲哀天皇陵古墳

石川

墓山古墳

金剛山地

白鳥陵古墳

N

2km

写真：羽曳野市

来目皇子埴生崗上墓 →P134
Kumenomiko hanyuno-okano-enohaka

生駒山地

奈良盆地

金剛山地

大和川

33-1 応神天皇陵古墳 → P140
Ojin-tenno-ryo Kofun

石川

38 墓山古墳 → P180
Hakayama Kofun

45 白鳥陵古墳 → P110
Hakuchoryo Kofun

清寧天皇陵古墳 → P130
Seinei-tenno-ryo Kofun

世界遺産に登録された百舌鳥・古市古墳群

　2019年7月6日、百舌鳥・古市古墳群は「国連教育科学文化機関（ユネスコ）の世界遺産委員会」により世界遺産に登録されることが決定しました。日本では23件目の登録となります。

　審議内容の一部を引用します。

「百舌鳥・古市古墳群」の世界遺産一覧表への記載決定

１．決定時刻：

　現地時間　7月6日（土）12：36

　（日本時間　7月6日（土）17：36）

２．資産名：「百舌鳥・古市古墳群—古代日本の墳墓群—」

　※4世紀後半から5世紀後半にかけて築造された45件49基の古墳群

３．世界遺産委員会における決議要旨及び主な審議内容：

　○「百舌鳥・古市古墳群」を，評価基準（ⅲ）及び（ⅳ）に基づいて世界遺産一覧表に記載する。

　評価基準

ⅲ　古墳は日本各地に16万基存在するものの、日本古代の古墳時代の文化を代表し、また類まれな物証を提供するものが百舌鳥・古市古墳群である。45の構成資産は、この時代の社会政治的構造、社会的階層差および高度に洗練された葬送体系を証明している。

ⅳ　百舌鳥・古市古墳群は、古代東アジアの墳墓築造のひとつの顕著な類型を示すものである。古墳、およびその有形の属性である土像、濠、幾何学的な段築をもち、石で補強した墳丘は、この歴史的に重要な時代における社会階層の形成のうえで顕著な役割を果たしたものである。

４．主な審議内容

　○規模の大小と多様な墳形により古代の社会政治的な構造が示された世界的にも稀有な物証である。

　○1600年にもわたり守られ，現在では市街地にありながらも，高いレベルの法的保護のもとに保存管理された素晴らしい物証である。

　○開発圧力に対する住民運動によって保護された古墳が構成資産に含まれているなど，地域社会にも根差した資産である。

Mozu-Furuichi Kofun Group was inscribed in the World Heritage Site list in June of 2019. The outline of the discussion and resolution is described below.

Criterion (iii): While 160,000 kofun are found throughout Japan, the Mozu-Furuichi Kofun Group represents and provides exceptional testimony to the culture of the Kofun period of Japan's ancient history. The 45 components demonstrate the period's socio-political structures, social class differences and highly sophisticated funerary system.

Criterion (iv): The Mozu-Furuichi Kofun Group demonstrates an outstanding type of ancient East Asian burial mound construction. The role of the kofun in the establishment of social hierarchies within this particular and significant historical period, as well as the tangible attributes such as the clay sculptures, moats and geometric terraced mounds reinforced by stone, are outstanding.

Integrity

The Mozu and Furuichi groups of kofun provide a cohesive narrative of the kingly power expressed through the clustering of the 49 kofun, the range of types and sizes, the grave goods and haniwa, and the continuing ritual uses and high esteem that these sites hold within Japanese society. The integrity of the serial property is based on the rationale for the selection of the components and their ability to convey the Outstanding Universal Value of the kofun. The intactness of the individual components, the material evidence of the mounds and their context, and the state of conservation are also determinants of integrity. Issues that impact on the integrity of the serial property include loss of some features (such as moats), and changes to the uses and settings of the components due to the close proximity of urban development.

前方後円墳の名前の由来

　「前方後円墳」とは、四角いほうが前で丸いほうが後ろという意味です。古墳の研究を初期に始めた学者が、円ではないほうが前だと考えたからです。しかし現在図案化するときは丸いほうを上にもってくることがほとんど。いっぽう英語ではキーホールスタイルとよばれています。日本語にするなら「鍵穴形」。日本で使う「前方後円墳」よりわかりやすいです。

前方後円墳

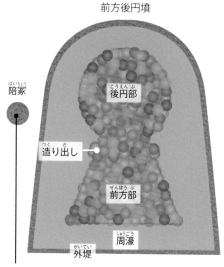

陪冢（ばいちょう）

後円部（こうえんぶ）

造り出し（つくりだし）

前方部（ぜんぽうぶ）

周濠（しゅうごう）

外堤（がいてい）

巨大古墳などでみられる付属墳。武具や装飾品などの副葬品が納められていることがある。

古墳各部の名称

　前方後円墳は日本独自の形です。多くの場合、後円部に埋葬施設があります。最初に登場した前方後円墳は奈良県桜井市にある「箸墓古墳（はしはか）」だと考えられていて、それは卑弥呼（ひみこ）の墓であるという説があります。

前方後円墳の成立過程

　どうしてこのような形になったのか諸説ありますが、平成 28（2016）年に奈良県橿原市（かしはら）の瀬田遺跡で、弥生時代末期（2世紀後半ころ）に造られた円形で周溝をもつ墳墓が見つかりました。この円形周溝墓には陸橋部分があり、この陸橋部分がしだいに拡大していき、前方後円墳となったのではないかという説が出され、注目を集めています。

While called "keyhole-shaped" in English, it is called "Zenpo Kouen Fun" in Japanese that means "square in front, round in rear." This is because the early scholars who began studying kofun recognized the square part was its front. However, it is currently common to put the round part up when drawing a keyhole-shaped kofun.

2世紀後半ころ　　3世紀前半ころ　　3世紀後半ころ

時代による大きさの変化

　前方後円墳は5世紀を中心に巨大化していますが、6世紀あたりで前方後円墳は小型になっていきます。

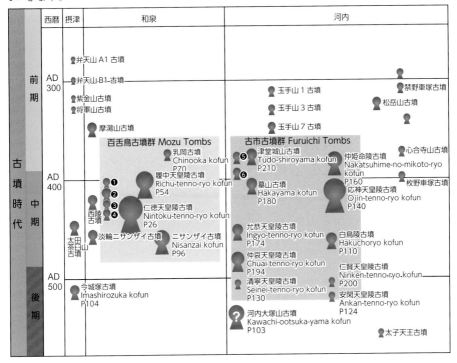

	西暦	摂津	和泉	河内

（図版内のテキスト）

弁天山A1古墳
弁天山B1古墳
紫金山古墳
将軍山古墳
摩湯山古墳

玉手山1古墳
玉手山3古墳
玉手山7古墳

禁野車塚古墳
松岳山古墳

百舌鳥古墳群 Mozu Tombs
乳岡古墳 Chinooka kofun P70
履中天皇陵古墳 Richu-tenno-ryo kofun P54
❶
❷
❸
❹
西陵古墳
仁徳天皇陵古墳 Nintoku-tenno-ryo kofun P26
太田茶臼山古墳
淡輪ニサンザイ古墳
ニサンザイ古墳 Nisanzai kofun P96

古市古墳群 Furuichi Tombs
❺ 津堂城山古墳 Tudo-shiroyama kofun P210
❻ 墓山古墳 Hakayama kofun P180
允恭天皇陵古墳 Ingyo-tenno-ryo kofun P174
仲哀天皇陵古墳 Chuai-tenno-ryo kofun P194
清寧天皇陵古墳 Seinei-tenno-ryo kofun P130
河内大塚山古墳 Kawachi-ootsuka-yama kofun P103

心合寺山古墳
仲姫命陵古墳 Nakatsuhime-no-mikoto-ryo kofun
応神天皇陵古墳 Ojin-tenno-ryo kofun P140
白鳥陵古墳 Hakuchoryo kofun P110
仁賢天皇陵古墳 Ninken-tenno-ryo kofun P200
安閑天皇陵古墳 Ankan-tenno-ryo kofun P124
枚野車塚古墳
太子天王古墳

今城塚古墳 Imashirozuka kofun P104

（縦軸）西暦 AD300 / AD400 / AD500
古墳時代　前期 / 中期 / 後期

→編年の根拠が弱い古墳

❶大塚山古墳 Otsukayama kofun P71
❷御廟山古墳 Gobyoyama kofun P90
❸いたすけ古墳 Itasuke kofun P84
❹反正天皇陵古墳 Hanzei-tenno-ryo kofun P74
❺古室山古墳 Komuroyama kofun P164
❻野中宮山古墳 Nonakamiyayama kofun P188

そのころ世界では

西暦

313	ヨーロッパ	ローマのコンスタンティヌス帝がミラノ勅令によってキリスト教を公認。
317	中国	司馬睿（しばい）が東晋（とうしん）を建国する。都は建康（けんこう）。
320頃	古代インド	チャンドラグプタ1世が、北インドの統一王朝であるグプタ朝を創始する。

Meanwhile, outside Japan…
AD313 In Europe, the Roman emperor Constantine accepts Christianity by the Edict of Milan.
AD317 In China, Sima Rui founds the Eastern Jin, the capital of which is Jiankang.
Around AD320 In ancient India, Candragupta I founds the Gupta Dynasty, the first dynasty of the united northern India.

11

築造途中の古墳の姿

　古墳はすべて人の力で築造されました。墳丘は濠を掘った土をそのまま積み上げたようです。墳丘の斜面には「葺石」とよばれる、河原で採取された丸い小さな石が貼りつけられました。石棺に使う巨石は遠くは九州地方などから運ばれたことがわかっています。この巨石は船を使って近くまで運んだ後、「修羅」とよばれる木製のそりの上に載せて移動させました。墳丘が完成した後、埴輪が飾りつけられました。

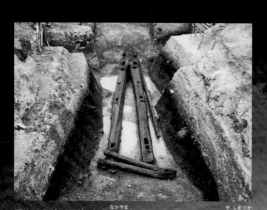

昭和53（1978）年、中山塚古墳（→P167）と八島塚古墳（→P168）の間で見つかった修羅。大型の修羅（上）と小型の修羅（下）が同時に見つかった。大型の修羅は全長8.8mと巨大。小型の修羅は2.2mだった。地下水に浸された状態だったのでほぼ完全な姿で出土。そのためロープを通すための穴も確認できる。大型は近つ飛鳥博物館（→P218）、小型はアイセルシュラホール（→P221）にて現物が展示されている。

埋葬施設は後円部の中心に配置するのが一般的。

葺石とよばれる石を古墳の斜面に貼りつけている。

石棺に使う巨石を運んでいる。

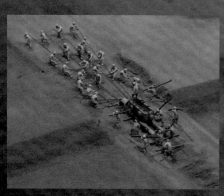

墳丘には巨石を運ぶためのスロープをつけ、巨石は修羅に載せて人力で引っ張ったと考えられる。修羅の下には丸太を敷いた。

大阪府高槻市にある埴輪を焼いた窯跡。現在、「史跡新池ハニワ工場公園」として整備され、窯の一部が復原展示されている。今城塚古墳（→P104）の埴輪はここで作られた。埴輪を作る工房も再現、展示している。百舌鳥・古市古墳群の周辺にも埴輪を作る工場があったことがわかっている。

「史跡新池ハニワ工場公園」にある展示。丘陵地をうまく使って登り窯が造られたことがよくわかる。登り窯とは斜面を利用して造られる焼き物用の窯のこと。熱せられた空気が上へと立ち上ることを利用。一度に大量に焼けるので、燃料となる薪の消費量を抑えられる。

Every part of kofun was constructed only by human power. It is thought that the mounds were built by piling up the soil dug for moat construction. The slopes of the mounds were covered with river cobblestones called "fuki-ishi." The gigantic rocks used for the stone coffins were moved on a wooden sleigh called "shura." The haniwa decorating on the mounds were fired in climbing kilns made on gradual slopes.

かみつけの里博物館。一帯で出土した埴輪などを展示。保渡田八幡塚古墳に隣接。

住所　群馬県高崎市井出町 1514
電話　027-373-8880
休館日　要問い合わせ

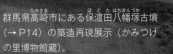

群馬県高崎市にある保渡田八幡塚古墳（→P14）の築造再現展示（かみつけの里博物館蔵）。

できたばかりの古墳の姿

　群馬県高崎市にある保渡田八幡塚古墳は、築造されたばかりの姿を復原しています。完成当初の古墳はこのような人工的な姿だったのです。どこかマヤのピラミッドを思い起こさせます。しかし、その後古墳の多くは自然のなすがままにされ、樹木が生い茂るようになりました。天皇陵などの墳墓は、現在では管理された樹木が生い茂る美しい姿となっています。

The Hotoda-Hachimanzuka Kofun in Takasaki City of Gunma Prefecture was restored into the newly-built appearance. Kofun used to have such an artificial appearance at the time of completion. It somehow reminds of the pyramid of Maya. Later, kofun were left in the nature and covered with trees. Even though, the well-maintained burial mounds such as Imperial Tombs still show their own beauty with thick greens.

復原された保渡田八幡塚古墳。3段に
築造されていたことがよくわかる。

保渡田八幡塚古墳の埋葬施設。後
円部の中心に配置されている。復
原では見学するための階段があり、
石棺をじかに見ることができる。
石棺は盗掘のため破壊されていて、
そのため副葬品はほとんど発見さ
れなかった。

斜面と斜面の間には平坦なところがある。ここを「テラス」とよぶ。テラスには円筒形の埴輪が列状に並べられていた。これを「円筒埴輪列」と呼ぶ。装飾や結界のためにテラスの端に沿って列状に配置されたのではないかと考えられている。

堤部にある形象埴輪の再現展示。形象埴輪は祭祀に使われたと考えられている。埋葬された人物の祭礼の儀式を再現したのだという説もある。また『日本書紀』には殉死者のかわりに土で人形を作ったという埴輪の起源とも読める一節がある。埴輪は前方後円墳とともに発生し、前方後円墳とともに姿を消した。

仁徳天皇一族の墓が中心

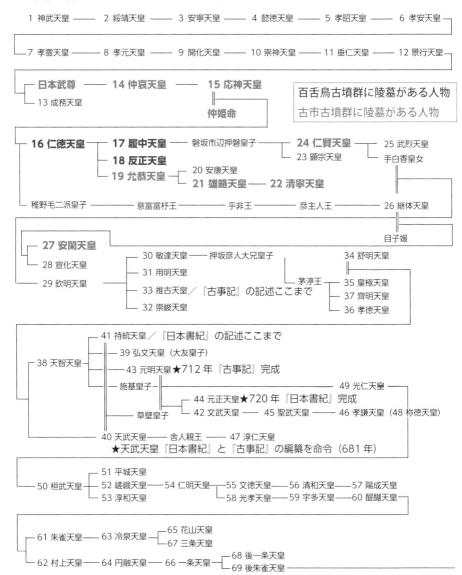

English

天皇の系譜を見ると、百舌鳥・古市古墳群にある天皇陵はひとつの時代に集中していることがわかります。日本武尊（ヤマトタケル）から安閑天皇までの皇族の墳墓がここに集中しています。そして、さらに言うならば仁徳天皇の子孫の墳墓がここにある、ともいえます。

1 神武天皇 ── 2 綏靖天皇 ── 3 安寧天皇 ── 4 懿徳天皇 ── 5 孝昭天皇 ── 6 孝安天皇

7 孝霊天皇 ── 8 孝元天皇 ── 9 開化天皇 ── 10 崇神天皇 ── 11 垂仁天皇 ── 12 景行天皇

日本武尊 ── **14 仲哀天皇** ── **15 応神天皇**
└ 13 成務天皇

仲姫命

百舌鳥古墳群に陵墓がある人物
古市古墳群に陵墓がある人物

16 仁徳天皇 ── **17 履中天皇** ── 磐坂市辺押磐皇子 ── **24 仁賢天皇** ── 25 武烈天皇
18 反正天皇 └ 23 顕宗天皇 └ 手白香皇女
19 允恭天皇 ─ 20 安康天皇
21 雄略天皇 ── **22 清寧天皇**

稚野毛二派皇子 ──── 意富富杼王 ──── 乎非王 ──── 彦主人王 ──── 26 継体天皇

目子媛

27 安閑天皇
28 宣化天皇
29 欽明天皇 ─ 30 敏達天皇 ── 押坂彦人大兄皇子 ── 34 舒明天皇
31 用明天皇
33 推古天皇／『古事記』の記述ここまで ── 茅渟王 ─ 35 皇極天皇
32 崇峻天皇 37 齊明天皇
36 孝徳天皇

38 天智天皇 ─ 41 持統天皇／『日本書紀』の記述ここまで
39 弘文天皇（大友皇子）
43 元明天皇★712年『古事記』完成
施基皇子 ─ 49 光仁天皇
44 元正天皇★720年『日本書紀』完成
草壁皇子 ─ 42 文武天皇 ── 45 聖武天皇 ── 46 孝謙天皇（48 称徳天皇）
40 天武天皇 ── 舎人親王 ── 47 淳仁天皇
★天武天皇『日本書紀』と『古事記』の編纂を命令（681年）

50 桓武天皇 ─ 51 平城天皇
52 嵯峨天皇 ── 54 仁明天皇 ─ 55 文徳天皇 ── 56 清和天皇 ── 57 陽成天皇
53 淳和天皇 58 光孝天皇 ── 59 宇多天皇 ── 60 醍醐天皇

61 朱雀天皇 ── 63 冷泉天皇 ─ 65 花山天皇
67 三条天皇
62 村上天皇 ── 64 円融天皇 ── 66 一条天皇 ─ 68 後一条天皇
69 後朱雀天皇

一族の墓はとりわけ古市古墳群に集中していることがわかります。なお、日本武尊から安閑天皇までのそれ以外の皇族の墳墓はほとんど奈良県にあります（継体天皇陵は大阪府）。

　現存する最古の歴史書である『古事記』と『日本書紀』は安閑天皇が崩御（535年）してから約150年後の第40代天武天皇の時代に編纂が命じられました。『古事記』が完成したのは安閑天皇崩御後の約180年後。

　残念なことに『日本書紀』『古事記』より前に記された歴史書は燃えてなくなってしまったといいます。よって、「この墳墓にはこの人が埋葬されている」という記録は100年以上の時間を経てから書き起こされたのです。

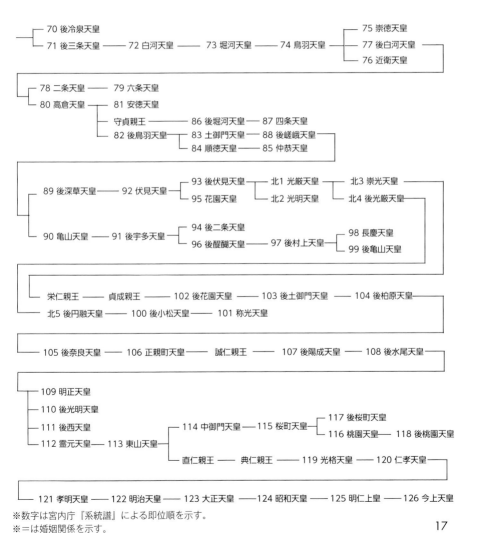

※数字は宮内庁『系統譜』による即位順を示す。
※＝は婚姻関係を示す。
※北1〜北5は持明院統の朝廷（北朝）における即位順を示す。

17

交通の要所の高台に造られた

大阪平野の北部は現在でも低地です。現在よりはるかに土木技術が未熟だった古墳時代では淀川はたびたび氾濫し、低地に水が流れこんでいました。このため、大阪平野の大半は草香江とよばれる湖になっていました。現在の標高データを用い、水位を2.5m下げると草香江の姿が確認できます。また、海岸線は埋め立てにより、後年ずいぶん海側に進出していることもわかります。

こうしてみると百舌鳥古墳群は海から見える場所に位置していました。

さらに古代からある街道を地図に表示すると、古市古墳群がある一帯は街道が集束する交通の要所だったことがわかります。

百舌鳥古墳群も古市古墳群も、人の往来が多く、また人の目によくつく高台に築造されたのです。

これは大和朝廷の力の強さを内外の人たちに宣伝するためだと考えられています。

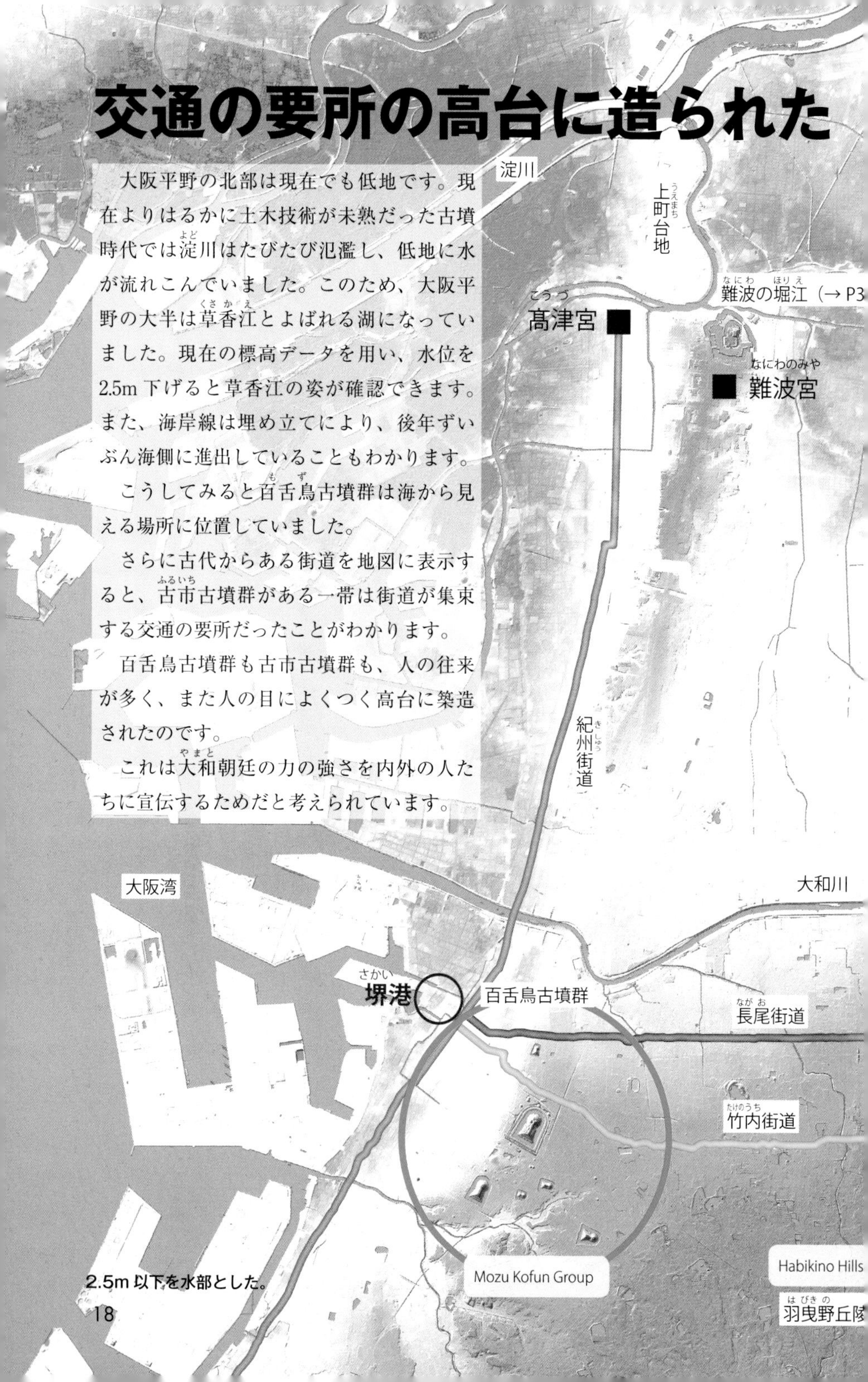

淀川

上町台地

難波の堀江（→P3

高津宮 ■

■ 難波宮

紀州街道

大阪湾

大和川

堺港 ○　百舌鳥古墳群

長尾街道

竹内街道

2.5m 以下を水部とした。

18

Mozu Kofun Group

Habikino Hills

羽曳野丘陵

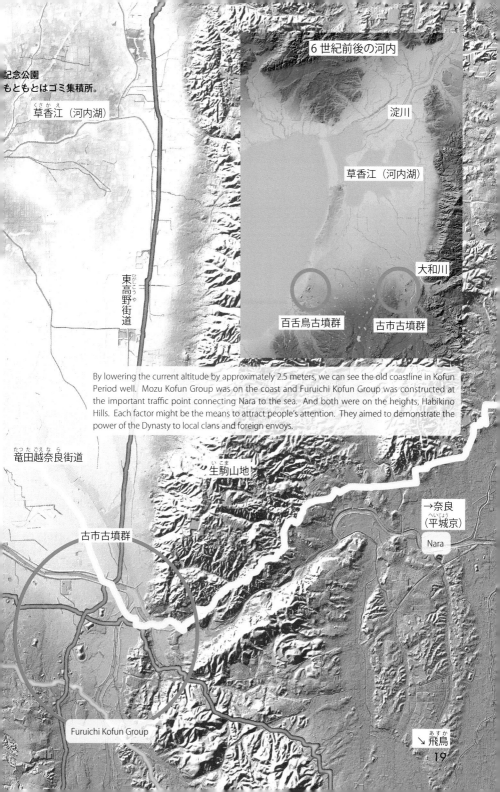

記念公園
もともとはゴミ集積所。

草香江（河内湖）

６世紀前後の河内

淀川

草香江（河内湖）

東高野街道

大和川

百舌鳥古墳群　　　　古市古墳群

By lowering the current altitude by approximately 2.5 meters, we can see the old coastline in Kofun Period well. Mozu Kofun Group was on the coast and Furuichi Kofun Group was constructed at the important traffic point connecting Nara to the sea. And both were on the heights, Habikino Hills. Each factor might be the means to attract people's attention. They aimed to demonstrate the power of the Dynasty to local clans and foreign envoys.

竜田越奈良街道

生駒山地

→奈良
（平城京）

Nara

古市古墳群

Furuichi Kofun Group

↘飛鳥

19

集めて回ろう御陵印

Each Tenno-ryo (Imperial tomb) has its own commemorative stamp. They used to be placed near the tombs before, now the stamps are kept at five places. Note that the offices might be closed on weekends.

●御陵印とは

　天皇陵を参拝した記念として頂けるスタンプで、歴代天皇陵と神代三陵（瓊々杵尊・彦火々出見尊・鸕鷀草葺不合尊）の印 96 個が、大阪・京都・奈良・東京の 5 か所にある陵墓監区事務所で保管されています。陵墓監区事務所は陵墓の管理を主とした仕事をしています。まずは「御陵印をいただきに参りました」と用件をはっきり丁寧に伝えましょう。勝手に印を押すのは厳禁です。

●御陵印のいただき方

用意するもの

集印帳…裏写りしない用紙が厚いもの。一般の御朱印帳でも問題はないですが、各天皇の名前や陵墓の場所が記載された専用の『御陵印帳』を用意しておくといいでしょう。

朱肉と捺印マット…各陵墓監区事務所にも用意はされていますが、状態がいいとは限らないため、自分で用意しておくほうが安心です。御陵印の一辺は最大約 6cm です。

当て紙…1 か所で複数の印を押す際に、朱肉がくっついてしまうのを防ぐために使います。20 〜 30 枚くらいあると便利です。

ウエットティッシュ…手などについた朱肉を拭くために使います。

集印の作法

　御陵印は陵墓監区事務所に行けば押せますが、まずは陵墓を参拝するのが作法です。また、印の数が多いと時間がかかるので、時間は余裕を持って行きましょう。

●各陵墓監区事務所について

古市陵墓監区事務所

　大阪府羽曳野市誉田 6-11-3

　応神天皇陵古墳の敷地内

　最寄駅：土師ノ里駅・道明寺駅・古市駅

　　　　　（近鉄南大阪線）から徒歩 20 分前後

　参拝時間：午前 8 時 30 分から午後 5 時まで

　百舌鳥・古市古墳群を中心に、17 印が保管されています。

6-11-3 Kouda, Habikino City, Osaka

桃山陵墓監区事務所

京都府京都市伏見区桃山町古城山

明治天皇 伏見桃山陵の敷地内

最寄駅：桃山南口駅（京阪宇治線）から徒歩12分

　　　　桃山駅（JR奈良線）から徒歩16分

参拝時間：午前8時30分から午後5時まで

26印および神代三陵の3印、計29印が保管されています。

Kojosan, Momoyama-cho, Fushimi-ku, Kyoto, Kyoto Pref.

月輪陵墓監区事務所

京都府京都市東山区泉涌寺山内町34-2

最寄駅：東福寺駅（JR奈良線・京阪本線）から

　　　　徒歩16分

参拝時間：午前8時30分から午後5時まで

18印が保管されています。

34-2 Sennyuji Yamanouchicho, Higashiyama-ku, Kyoto, Kyoto

畝傍陵墓監区事務所

奈良県橿原市大久保町71-1

神武天皇畝傍山東北陵の敷地内

最寄駅：畝傍御陵前駅（近鉄橿原線）から徒歩11分

参拝時間：午前8時30分から午後5時まで

30印が保管されています。

71-1 Okubocho, Kashihara, Nara

多摩陵墓監区事務所

東京都八王子市長房町1833

大正天皇陵・昭和天皇陵のある武蔵陵墓地

（多摩御陵）の敷地内

最寄駅：高尾駅（JR中央線）から徒歩17分

参拝時間：午前9時から午後4時まで（参入は午後3時

30分まで）

大正・昭和天皇陵の2印が保管されています。

1833 Nagabusamachi, Hachioji, Tokyo

※注意事項※

原則、年間を通して陵墓へは参拝できますが、祝日・休日や年末年始などは各陵墓監区事務所はお休みの場合があります。事前にお問い合わせください。

百舌鳥古墳群 Mozu Tombs

古墳群を 4 つのエリアに分けました。おおよそ 1 日で見て回れるように区切り、また世界遺産に登録された墳墓がエリアに 1 つ入るようにしました。もちろんこのエリア分けに従って探訪するのではなく、自由に探訪していただいて OK です。あくまで便宜上分けたとお考えください。

湊駅
Minato sta.

世界遺産の古墳

● 世界遺産の古墳
○ それ以外の古墳

1　反正天皇陵古墳
　　はんぜいてんのうのりょう こ ふん
2　2-1 仁徳天皇陵古墳
　　　　にんとくてんのうのりょう こ ふん
　　2-2 茶山古墳
　　　　ちゃやま こ ふん
　　2-3 大安寺山古墳
　　　　だいあんじやまこ ふん
3　永山古墳
　　ながやまこ ふん
4　源右衛門山古墳
　　げん え もんやまこ ふん
5　塚廻古墳
　　つかまわり こ ふん
6　収塚古墳
　　おさめづか こ ふん
7　孫太夫山古墳
　　まご だ ゆうやまこ ふん
8　竜佐山古墳
　　たつ さ やまこ ふん
9　銅亀山古墳
　　どうがめやまこ ふん
10　菰山塚古墳
　　こもやまつか こ ふん
11　丸保山古墳
　　まる ほ やまこ ふん
12　長塚古墳
　　ながつか こ ふん
13　旗塚古墳
　　はたづか こ ふん
14　銭塚古墳
　　ぜにづか こ ふん
15　履中天皇陵古墳
　　り ちゅうてんのうのりょう こ ふん
16　寺山南山古墳
　　てらやまみなみやま こ ふん
17　七観音古墳
　　しちかんのん こ ふん
18　いたすけ古墳
　　　　　こ ふん
19　善右ヱ門山古墳
　　ぜん え もんやまこ ふん
20　御廟山古墳
　　ご びょうやまこ ふん
21　ニサンザイ古墳
　　　　　　こ ふん

履中天皇陵古墳エリア → P52
Richu-tenno-ryo Kofun Area

500m

JR Hanwa Line
JR 阪和線

阪神高速 15 号堺線

堺東駅
Sakaihigashi sta.

堺東駅前サイクルポート
堺東観光案内所

堺市役所

堺市駅前サイクルポート

堺市駅
Sakaishi sta.

ながお
長尾街道

反正天皇陵古墳エリア → P72
Hanzei-tenno-ryo Kofun Area

仁徳天皇陵古墳エリア → P24
Nintoku-tenno-ryo Kofun Area

三国ヶ丘駅
Mikunigaoka sta.

たけのうち
竹内街道

Nankai Railway Koya Line
南海高野線

大仙公園観光案内所

百舌鳥駅前サイクルポート

界市博物館 → P220
AKAI City Museum

百舌鳥駅
Mozu sta.

にしこうや
西高野街道

中百舌鳥駅

中百舌鳥駅前サイクルポート

中百舌鳥駅
Nakamozu sta.

いたすけ古墳エリア → P82
Itasuke Kofun Area

沢
ba sta.

仁徳天皇陵古墳エリア

仁徳天皇陵をぐるっと一周しながら付近の古墳を見ていくといいでしょう。このエリアには世界遺産に登録された古墳が多くありますが、墳丘に登れる古墳はなく、また仁徳天皇陵は巨大すぎて、古墳を身近に感じることは難しいです。しかし、このエリアには「堺市博物館」があります。ここでたっぷり古墳について知ることができるので、かならず寄りましょう。

起点となる駅は三国ヶ丘駅と百舌鳥駅があります。

Nintoku-tenno-ryo Kofun Area

You can visit the neighboring kofun as you walk around Nintoku-tenno-ryo Kofun. Despite many kofun registered as the World Heritage Site are in this area, it is difficult to feel close to them because no kofun is allowed to climb up and Nintoku-tenno-ryo is too huge. Even though, this area has Sakai City Museum where you can learn much about kofun. Be sure to visit it. You can start walking from Mikunigaoka Station or Mozu Station.

散策ガイド

仁徳天皇陵古墳は、いちばん外側の濠に沿って一周ぐるりと遊歩道になっています。つねに片側がうっそうとした森なので散歩には気持ちのいいコースです。一周約2800m。ゆっくり歩いて1時間くらいです。ここを走るランナーもたくさんいます。仁徳天皇陵の巨大さを体感できるでしょう。一周する時間がない場合は拝所（→ P28）まで行き、拝所近くの竜佐山古墳や孫太夫山古墳を見るのがお手軽です。

9 銅亀山古墳 → P42
Dogameyama Kofun

狐山古墳 → P43
Kitsuneyama Kofun

正面（拝所）までの距離が書かれた石柱が要所要所にある。

8 竜佐山古墳 → P44
Tatsusayama Kofun

七観音古墳→ P61

旗塚古墳→ P62

寺山南山古墳→ P60

仁徳天皇陵古墳の東側の遊歩道。

履中天皇陵古墳エリア → P52
Richu-tenno-ryo Kofun Area

履中天皇陵古墳→ P54

500m

3 永山古墳 →P38
Nagayama Kofun

0 菰山塚古墳 →P40
omoyamazuka Kofun

2-2 茶山古墳 →P30
Chayama Kofun

三国ヶ丘駅スタートならこの道を通って仁徳天皇陵の遊歩道に入ります。
If you start from Mikunigaoka Station, you can enter the perimeter road of Nintoku-tenno-ryo Kofun through this road.

_{たけのうち}
竹内街道

2-3 大安寺山古墳 →P31
Daianjiyama Kofun

三国ヶ丘駅
Mikunigaoka Sta.

11 丸保山古墳 →P39
Maruhoyama Kofun

通の谷古墳 →P41
Hinotani Kofun

4 源右衛門山古墳 →P51
Genemonyama Kofun

南海高野線
Koya Line

5 塚廻古墳 →P50
Tsukamawari Kofun

_{にしこうや}
西高野街道

踏切があり線路の向こう側に行けます。
There is a railroad crossing here and you can go to the other side of the track.

2-1 仁徳天皇陵古墳 →P26
Nintoku-tenno-ryo Kofun

鏡塚古墳 →P48
Kagamizuka Kofun

7 孫太夫山古墳 →P45
Magodayuyama Kofun

JR 阪和線
Hanwa Line

大仙公園観光案内所

坊主山古墳 →P49
Bozuyama Kofun

百舌鳥駅前
サイクルポート

堺市博物館 →P220
SAKAI City Museum

6 収塚古墳 →P47
Osamezuka Kofun

Walking guide

There is a promenade along the outermost moat. It is a comfortable pathway for a walk as the thick woods on one side constantly gives shade. The promenade measures about 2800 meters. It takes about one hour on foot at a slow pace. You can see many people running along it. The enormousness of Nintoku-tenno-ryo should be experienced. If you don't have enough time, it might be easier to go straight to the place of worship, and see Tatsusayama Kofun or Magodayuyama Kofun.

12 長塚古墳 →P46
Nagatsuka Kofun

百舌鳥駅
Mozu Sta.

グワショウ坊古墳 →P63

銭塚古墳 →P64

御廟山古墳 →P90

いたすけ古墳エリア →P82
Itasuke Kofun Area

東上野芝町１号墳→P65

いたすけ古墳→P84

2-1 仁徳天皇陵古墳

Nintoku-tenno-ryo Kofun:
the Mausoleum of Emperor Nintoku

もずのみみはらのなかのみささぎ
百舌鳥耳原中陵
だいせんりょう こ ふん　だいせん こ ふん
大仙陵古墳／大山古墳

🌐 **World Heritage Site**

前方後円墳
`keyhole-shaped`
tumulus

5世紀中ごろ　墳丘：長さ 486m、高さ 35.8m（後円部）
Mid- 5th century Mound:length 486m, hight 35.8m（round part）

500m

三国ヶ丘駅
Mikunigaoka sta.

百舌鳥駅　堺市
Mozu sta.　Sakai City

堺市堺区大仙町
南海高野線・JR 阪和線三国ヶ丘駅
南西へ徒歩 20 分
JR 阪和線「百舌鳥」駅　北西へ徒
歩 10 分

11 丸保山古墳 →P39
Maruhoyama Kofun

10 菰山塚古墳 →P40
Komoyamazuka Kofun

樋の谷古墳 →P41
Hinotani Kofun

9 銅亀山古墳 →P42
Dogameyama Kofun

8 竜佐山古墳 →P44
Tatsusayama Kofun

拝所
Place of worship

7 孫太夫山古墳 →P45
Magodayuyama Kofun

カフェ　イロハ
古墳にちなんだメ
ニューや古墳グッズ
までをそろえる。

日本最大の墳墓であり、古墳といえばこの古墳をイメージされる方も多いでしょう。この巨大な古墳は宮内庁により第16代仁徳天皇の陵墓に指定されています。3重の濠と、2重の堤があり、外側の堤の中、拝所の手前まで立ち入ることができます。

This is the largest tomb in Japan. This gigantic kofun is designated as the tomb of the 16th emperor, Emperor Nintoku by the Imperial Household Agency. It has triple moats and double banks, and you can go into just outside the worship gate called "Haisho" on the outer bank.

3 永山古墳 →P38
Nagayama Kofun

2-2 茶山古墳 →P30
Chayama Kofun

4 源右衛門山古墳 →P51
Genemonyama Kofun

2-3 大安寺山古墳 →P31
Daianjiyama Kofun

2-1 仁徳天皇陵古墳
Nintoku-tenno-ryo Kofun

5 塚廻古墳 →P50
Tsukamawari Kofun

もず庵
古墳にちなんだグッズやお菓子を売っている土産物屋さん。

写真：堺市

JR 阪和線
Hanwa Line

27

2-1 仁徳天皇陵古墳

宮内庁立札
Imperial Household Agency Sign board

堤から拝所を望む。拝所の奥に見える森が陵墓。拝所には皇室関係者しか立ち入ることができない。

　仁徳天皇陵がある一帯を百舌鳥といい、陵墓がある場所を「だいせん」とよんでいます。百舌鳥の「だいせん」にある古墳なので百舌鳥古墳群の「大仙陵古墳」、または「大山古墳」と漢字があてられています。なぜこの「だいせん古墳」が仁徳天皇陵に指定されたのかというと、『日本書紀』に「仁徳天皇は百舌鳥野の陵に葬った」という記述があるからです。さらに、『延喜式』には「仁徳天皇陵は『百舌鳥耳原中陵』である」と書かれています。百舌鳥古墳群の真ん中にある古墳、さらに仁徳天皇の業績からして巨大陵墓に違いない、すなわち「だいせん古墳」が仁徳天皇陵だ、といった理由で仁徳天皇陵に指定されました。

百舌鳥（モズ）
Bull-headed shrike

『日本書紀』にはこの地が百舌鳥とよばれるようになったきっかけが記されている。仁徳天皇が自分の塚を造る場所をこの地に決めたとき、鹿が現れてばったり倒れた。仁徳天皇が調べると、鹿の耳から百舌鳥が飛び出してきたという。これにちなんでこの地を「百舌鳥耳原」とよぶようになったという。

The worship gate is forbidden except the Imperial Family and the relatives. The area this kofun is located in is called Mozu. Mozu is Japanese word of a shrike. The Chronicles of Japan, Nihon-Shoki writes a mysterious episode about the bird: When Emperor Nintoku determined the place to build his own tomb, a deer appeared and collapsed there. At the moment the Emperor looked closer the deer, a shrike flew away from the deer's ear.

いちばん外側の濠を渡る拝所までの道。白い砂利が敷き詰められ、自然と聖域に入った気持ちになる。

レーザー測量図　Laser survey map

数度の地震により墳丘に大規模な土砂崩れが起こっている。中規模の設計をそのまま拡大したのが原因か。

宮内庁立札
Imperial Household Agency Sign board

御陵印 Imperial tomb stamp

仁徳天皇
百舌鳥
耳原中陵

2-1 仁徳天皇陵古墳

2-2 茶山古墳 Chayama Kofun

仁徳陵甲号陪冢

円墳
Round

5世紀中ごろ　墳丘：直径56m、高さ9.3m
Mid-5th century Mound:diameter 56m, hight 9.3m

国道310号線から望む。国道310号線は交通量が多い。

　仁徳天皇陵の陪冢（→P10）。陵の外側の堤に造られています。そのためいちばん外側の濠は茶山古墳に合わせて大きく膨らんでいます。茶山古墳の名は豊臣秀吉が仁徳天皇陵古墳で狩りをしたとき、この古墳を「茶山」とよび、仮の住居を造ったことに由来するといわれます。秀吉はここで茶をたしなみ、目の前に広がる雄大な仁徳天皇陵古墳の姿を楽しんだのでしょう。

　仁徳天皇陵の陪冢なので宮内庁が管理しています。

This is a baicho of Nintoku-tenno-ryo Kofun. The "baicho" is a smaller tomb attached to a larger tomb (satellite tomb) that keeps treasures and other materials inside.

堺市堺区大仙町
JR阪和線・南海高野線
「三国ヶ丘」駅　北西へ
徒歩6分

2-3 大安寺山古墳 Daianjiyama Kofun

仁徳陵乙号陪冢

円墳
Round

5世紀中ごろ　墳丘：直径62m、高さ9.7m
Mid-5th century Mound:diameter 62m, hight 9.7m

遊歩道から望む。鬱蒼とした森にしか見えない。

　仁徳天皇陵の陪冢。茶山古墳と同じく、天皇陵の外側の堤に造られています。

　大安寺古墳は日本でも上位にくる大きさの円墳です。さらに住宅地や道路などが間近に迫るので、全体を見るのは難しいでしょう。

　かつて堺にあった大安寺が管理していたので、大安寺山とよばれていたのが名前の由来です。

　現在は仁徳天皇陵の陪冢なので宮内庁が管理しています。

A satellite tomb of Nintoku-tenno-ryo Kofun. Daianjiyama Kofun is one of the largest round kofun in Japan.

堺市堺区大仙町
JR阪和線・南海高野線「三国ヶ丘」駅　西へ徒歩5分

English

聖帝
仁徳天皇 16代天皇

皇居：難波高津宮（大阪市）
在位期間：仁徳天皇元年（西暦313）1月3日～同87年（399）1月16日
先代：応神天皇（P146）／**次代**：履中天皇（P58）
父：応神天皇／**母**：仲姫命（P162）／**皇后**：葛城磐之媛命
子女：履中天皇（P58）、住吉仲皇子、反正天皇（P78）、允恭天皇（P176）、大草香皇子、草香幡梭姫皇女

朝廷の権力を内政に集中

　大和王権が安定し、さらに天皇の政治的な力が強かった時期の天皇です。歴史書の記述は、仁徳天皇は大陸における異民族との戦争より、内政にその力を注いだことにページを割いています。

　大減税や大規模な土木事業など、歴史書は彼の業績を華々しく記しています。聖帝とよばれた所以でしょう。

　しかし、同時に歴史書は后の葛城磐之媛命と別居状態が続き（原因は八田皇女を寵愛するようになったから）、死に別れるまで顔を合わすことがなかったと記しています。仕事はできるが妻とは不仲…。とはいえ葛城磐之媛命は履中、反正、允恭と3人の天皇の母になります。

思い切った減税政策

　『日本書紀』にはこうあります。仁徳4年の春、高い建物から町を見下ろすと、民たちの家から食事の準備をする煙が立ち上っていません。これは民が税金に苦しんでいるからだろうと考え、3年間税の徴収を控えました。この間に民衆は生活を立て直しました、とあります。

二徳最大の業績、公共土木事業

　淀川と大和川は大阪湾に注いでいます。しかし、大阪平野と大阪湾の間には上町台地という台地があり、それをせき止めていました。そのため、大阪平野のほとんどは草香江という湖になっていました。そこで仁徳天皇は台地の一部を掘り（難波の堀江）、水が大阪湾に流れるようにしました。さらに、「茨田の堤」とよばれる堤防を築き、淀川の氾濫を防止しました。この土木事業のおかげで、大阪平野からより多くの収穫が得られるようになりました。

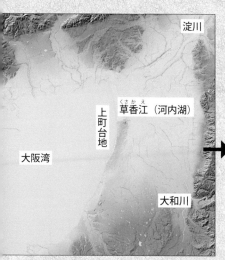
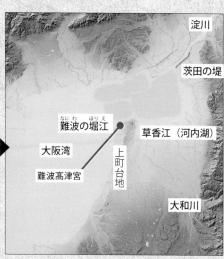

現在の大川が難波の堀江だという説がある。ちょうど京阪天満橋駅付近が上町台地で、その台地を分断するように大川が流れているからだ。大川は何度も拡張工事をされ、仁徳天皇の時代と大きく姿を変えただろう。しかし河川敷もない運河のような姿に、仁徳天皇の事業の面影がしのばれる。

大阪府門真市に残る、茨田の堤。約1700年の時を超えているので、わずかな土の隆起を残すのみ。京阪大和田駅から徒歩約5分。

草香江の名残との伝説がある弁天池（大阪府門真市）。草香江はもはや見る影もなく、わずかな痕跡を残すのみ。

マンガで読む仁徳天皇の物語
『2人の兄弟の死』

English

西暦309年

死期が近いことを知った
応神天皇は、三人の息子
のうち一人を後継者にし
ようと考えていました

大鷦鷯尊（おおさざきのみこと）
（後の仁徳天皇）

大山守皇子（おおやまもりのおうじ）

菟道稚郎子皇子（うじのわきいらつこおうじ）

絶対年上のほうが
可愛い！

年下のほうが
可愛いですね

その中でも、応神天皇は
たいそうかわいがっている
いちばん年下のうじを
後継者にしようと決め

うじの行く末を案じ
兄2人の気持ちを
探ってみようと…

2人の答えを聞いた応神天皇
は、大山守をうじのそばに
おいておくとうじを殺しかね
ないと考えて都から遠ざけ

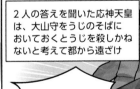

なぜだ、父上!!

年上の子と
年下の子、
どっちが可愛い？

とたずねます

おおさざきを
うじの補佐役として
都に残しました

34

しかし
うじを皇太子に
任名した応神天皇が
一年後に崩御すると

うじを討って
俺が天皇に
なる！

大山守はうじを殺害
するための軍勢を連れ

うじが住む桐原日桁宮
（現・京都府宇治市）
へと向かったのです

この宇治川の
向こうにうじが…

そのころうじは

大山守がおまえを
殺そうとしている
〜おおさざき〜

そんなっ

それなら

船頭に
変装して…

この川を渡るのでしたら
どうかこの船に
お乗りください

うわあ!!!

なにをす…

おう

お、おまえは
うじ!!?

※『日本書紀』には船を傾けて落としたとあります。

マンガで読む仁徳天皇の物語
『2人の兄弟の死』

甲冑（かっちゅう）の重みで
大山守（おおやまもり）は川の底へ

残った大山守軍も
うじ軍により
一掃されました

大山守からの暗殺を
退けたうじでしたが、
皇位に就くのを
ためらっていました

大山守の反乱を伝え
命を救ってくれた
もうひとりの兄、
おおさぎこそ
天皇にふさわしいと

兄上…

そしてついに
悲劇が起きて
しまったのです

おおさざきとうじは「天皇の座は
あなたこそがふさわしい」と
譲り合い、3年もの長きにわたり
天皇の空位は続き…

おおさざき様!!
皇太子様が…
自らお命を!

うじっ!!

我が弟の皇子よ…!

ああ…
我が弟の皇子（みこ）よ
我が弟の皇子よ…

……
……う

おおさぎ
兄様…？

うじッ

父様には兄上に
天皇の座をお譲りした
のでご安心くださいと
お伝えします

なぜ自ら死を選んだ！

おまえの死を知った
天界の父様は
嘆き悲しむだろう！

兄上、どうか
天皇におなりください

さて…
わたしはそろそろ
参ります

名残惜しいのですが
どうか形見代わりに
わたしの同母妹の矢田皇女（やたのひめみこ）を
後宮（こうきゅう）にお迎えください…

さようなら

ありがとう、
兄上…

うじ――っ!!!

うじこそが父に選ばれた
正当な後継者だった…
わたしが天皇になる
正当性などないのだ…

せめて…せめてわたしの
行いをもってこの後継の
正統性を表明していく
しかない…

こうして、仁徳（にんとく）天皇は
後に聖帝とよばれるほど
人民に愛された天皇となり

后の葛城磐之媛命（きさきのかつらぎのいわれのひめのみこと）の死後、
八田皇女を后として
迎えたのでした

37

3 永山古墳 Nagayama Kofun

仁徳陵と号陪冢

前方後円墳
`keyhole-shaped`
tumulus

🌍 World Heritage Site

5世紀前半　墳丘：長さ100m、高さ10.3m（後円部）
First half-5th century Mound:length 100m, hight 10.3m（round part）

大阪環状線が周濠の一部を削り取っている。一帯を永山とよぶ。地名が先か、古墳が先か。

　仁徳天皇陵の陪冢。全長約100mの前方後円墳。宮内庁の管理下にあり、発掘調査は行われていませんが、外から観察すると墳丘は2段になっていて造り出しもあり、また周濠が巡っているという小さいながらも設備が整った古墳です。ここまで整った古墳なので、仁徳天皇陵の陪冢とは考えにくく、だれかの墓ではないかという説もあります。百済から来日し、仁徳天皇の弟、菟道稚郎子皇子の家庭教師となった王仁の墓だという説もあります。

A satellite tomb of Nintoku-tenno-ryo Kofun. As this is a keyhole-shaped kofun firmly constructed, there is a theory that it might be a tomb for someone else.

堺市堺区東永山園
JR阪和線・南海高野線「三国ヶ丘」駅　北東へ徒歩10分／南海高野線「堺東」駅　南へ徒歩12分

丸保山古墳 Maruhoyama Kofun

仁徳陵へ号陪冢

帆立貝形墳
Scallop-shaped

5世紀前半　墳丘：長さ87m、高さ9.8m
First half-5th century Mound:length 87m, hight 9.8m

仁徳天皇陵の陪冢とされている。住宅地の中に位置するので落ち着いて観察することができる。

　百舌鳥・古市古墳群最大の帆立貝形墳です。しかしながらホタテガイの蝶つがいの部分、つまり前方部は昭和30（1955）年に畑として開墾されたため、破壊が進み当時の姿をとどめていません。そのためか宮内庁が管理するのは後円部だけ。遠目には円墳のようですが、そばで見るとホタテガイの形をしていることがわかるでしょう。築造時期は5世紀中頃と後半であるとの説がありますが、出土した埴輪は後半のものでした。

It is believed to be a satellite tomb of Nintoku-tenno-ryo Kofun. Although it looks like a round kofun, its scallop-shape can be recognized when you see it closer.

堺市堺区北丸保園
JR阪和線・南海高野線「三国ヶ丘」駅　西へ徒歩12分

10 菰山塚古墳 Komoyamazuka Kofun

仁徳陵ほ号陪冢

帆立貝形墳
Scallop-shaped

🌐 World Heritage Site

5世紀前半　墳丘：長さ33m、高さ4m
First half-5th century Mound:length 33m, hight 4m

周囲をぐるりと木製の柵で取り囲まれている。金属製の柵よりも見た目の拒絶感が薄く、好ましい。

　仁徳天皇陵古墳の陪冢。一本松の姿が美しい。閑静な住宅街に忽然と姿を現します。もともとは帆立貝形墳でしたが、現在では円墳のような姿になっています。かつては付近の住民の憩いの場として利用されていたのか、墳丘に立ち入るための階段がありますが、現在では立ち入ることができないように柵がつくられています。墳丘からは埴輪が見つかっており、古墳であることは確実なのですが、一見するとどこにでもあるような住宅地の公園のようです。

A satellite tomb of Nintoku-tenno-ryo Kofun. A pine tree on the tomb is so beautiful.

堺市堺区南丸保園
JR阪和線・南海高野線「三国ヶ丘」駅　西へ徒歩14分

樋の谷古墳 Hinotani Kofun

仁徳陵丙号陪冢

円墳
Round

不明　墳丘：直径 47m、高さ 2.8m
Unknown Mound:diameter 47m, hight 2.8m

仁徳天皇陵古墳の外周道路から濠(ほり)越しに見ることができる。

　仁徳天皇陵の陪冢とされていて、宮内庁が管理しています。いちばん外側の濠の中に小島のような状態で存在します。陪冢とされていますが、濠の中にある陪冢はほかに存在しない、さらに形がいびつなので濠を掘った土砂を積み上げただけの小山という説があります。いちばん外側の濠が不自然に広いところに隣接しているので、ここを農業用水として使うために広げたとき、そこにあった土砂を積み上げたのではないのかというのです。

A satellite tomb of Nintoku-tenno-ryo Kofun. It looks like an islet in the moat. Some says that it might be just a pile of the earth dug to expand the moat, instead of a tomb.

堺市堺区南丸保園・大仙町
JR 阪和線「百舌鳥駅」下車、
JR 阪和線・南海高野線「三
国ヶ丘駅」下車

9 銅亀山古墳 Dogameyama Kofun

仁徳陵に号陪冢

方墳
Square

5世紀前半　墳丘：長さ26m以上、高さ5.4m
First half-5th century Mound:length 26m over, hight 5.4m

秋には紅葉、春には桜が目を楽しませてくれる。

　仁徳天皇陵の陪冢。墳丘からは埴輪など
が出土しています。比較的保存状態が良好
で墳丘も高く、さらに2段に築かれている
のが確認できます。百舌鳥・古市古墳群で
は珍しい方墳ですが下段は長方形をしてい
て、下段部が張り出しています。現在では
方墳とされていますが、じつは前方後円墳
だったのではないか、はたまた前方後方墳
だったのではという説もあります。今後の
調査結果によっては別の形とされる可能性
があります。

A satellite tomb of Nintoku-tenno-ryo Kofun. It is well-preserved and its two tiers can be seen clearly. This tomb is a square kofun, unusually for Mozu-Furuichi Kofun Group.

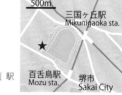

堺市堺区大仙町
JR阪和線「百舌鳥」駅
北西へ徒歩12分

狐山古墳 Kitsuneyama Kofun

仁徳陵は号陪冢

5世紀後半　墳丘：直径30ｍ、高さ5ｍ
Second half- 5th century Mound:diameter 30m, hight 5m

威圧感の少ない柵で囲まれていて、墳墓をよく観察することができる。

　仁徳天皇陵の陪冢とされています。大仙公園の中にあり、全体をよく観察できる円墳です。しかし、かつて人が立ち入っていたせいか墳墓はでこぼこしています。一見ただの築山のように見えますが発掘調査の結果、埴輪が発見され、さらに円墳をぐるりと囲む濠が発見されました。小規模ながらも濠をもつ立派な墳墓だったのです。仁徳天皇陵の墓守が墓荒らしの盗人と格闘したとき、墓守を助け命を落とした狐をここに埋葬したという伝説があります。

A satellite tomb of Nintoku-tenno-ryo Kofun. There is a legend about a fox that helped a grave keeper of Nintoku-tenno-ryo Kofun fight against robbers. The fox died in the fight and was buried under this tomb.

堺市堺区大仙中町
JR阪和線「百舌鳥」駅
北西へ徒歩12分

8 竜佐山古墳 Tatsusayama Kofun

帆立貝形墳
Scallop-shaped

仁徳陵ろ号陪冢

世 World Heritage Site

5世紀後半　墳丘：長さ61m、高さ8m
Second half- 5th century Mound: length 61m, hight 8m

開けた場所にあり、こぢんまりとしているので周濠を含め肉眼で全部を確認できる。

　仁徳天皇陵の陪冢。壕から埴輪が見つかっています。また葺石も確認されています。現在では申し訳程度の周濠が巡っていますが、築造当時は幅10mほどの立派な周濠があったようです。後円部は宮内庁、ホタテガイの蝶つがいの部分（前方部）は堺市が管理しています。大仙公園の中にあり、付近は芝生が植えられ、立木の密度もほどよく、フォトジェニックな古墳といえるでしょう。規模も小さく、古墳全体をおさめた自撮り写真を撮るならこの古墳でしょう。

A satellite tomb of Nintoku-tenno-ryo Kofun. It is a photogenic kofun with a great view and a bench.

堺市堺区大仙中町
JR阪和線「百舌鳥」駅
北西へ徒歩7分

7 孫太夫山古墳 Magodayuyama Kofun

仁徳陵い号陪冢

帆立貝形墳
Scallop-shaped

世 World Heritage Site

5世紀後半 墳丘：長さ65m、高さ7.6m
Second half- 5th century Mound: length 65m, hight 7.6m

背の低い簡易な柵しかなく、ここも写真映えする古墳である。

仁徳天皇陵の陪冢とされています。円筒埴輪と葺石が確認されています。もともとは円墳の状態でしたが調査の結果、帆立貝形墳であることがわかり、現在ではホタテガイの蝶つがいの部分（前方部）が復原されています。同様に周濠もまた復原されたものです。その名は江戸時代の地権者、南孫太夫にちなみます。南孫太夫は古墳の周濠を農業用水に使うため、古墳の整備につとめた地元の名士でした。南家は明治初期にこの古墳を国に寄贈しました。

A satellite tomb of Nintoku-tenno-ryo Kofun. Although it looks like a round kofun, a research found that it is a scallop-shaped kofun.

堺市堺区百舌鳥夕雲町
JR阪和線「百舌鳥」駅
北西へ徒歩5分

45

12 長塚古墳 Nagatsuka Kofun

World Heritage Site

前方後円墳
`keyhole-shaped`
tumulus

5世紀後半　墳丘：長さ 106.4 m、高さ 8.2 m（後円部）
Second half- 5th century Mound: length 106.4m, hight 8.2m（round part）

住宅に囲まれていて全貌を目にすることは難しい。JR 阪和線沿いに走る道路から見るのがよい。

　JR 阪和線の車窓からもよく見える古墳で、百舌鳥駅を降りて真っ先に目にすることができる前方後円墳です。墳丘は 2 段に築成されていることが確認されていて、南側には造り出しがあります。また、地中レーダーを使った調査で地下に竪穴式石室があることも判明しました。周濠はすっかり宅地開発されていますが、かつては幅 14m の周濠がありました。その周濠のあった場所から埴輪が、また墳丘からも埴輪が見つかっています。

It was found that this kofun has a vertical stone chamber by scanning with an underground radar. It used to have a moat 14 meters wide.

堺市堺区百舌鳥夕雲町
JR 阪和線「百舌鳥」駅
南へ徒歩 1 分

帆立貝形墳
Scallop-shaped

World Heritage Site

5世紀中ごろ　墳丘：長さ59m、高さ4.2m
Mid- 5th century Mound:length 59m, hight 4.2m

たいせん
大仙公園内にあり古墳の周囲は整備されている。

　仁徳天皇陵の陪冢と考えられています。もともとは帆立貝形でしたが現状では円墳のように見えます。地面にタイルを貼って元の形を再現していますので、足元をよく見てみましょう。かつて墳丘から鉄製の鎧の破片が見つかったとされています。最近の調査では墳丘の平らなところに埴輪が並べられていたことがわかっています。また壕のあった場所からも埴輪や須恵器が発見されました。築造時期は5世紀中ごろという説と前半であるという説があります。

A satellite tomb of Nintoku-tenno-ryo Kofun. While it was originally a scallop-shaped kofun, it has become a round kofun by now. The old scallop shape is drawn with the tiles laid on the ground.

堺市堺区百舌鳥夕雲町
JR阪和線「百舌鳥」駅
北へ徒歩1分

鏡塚古墳 Kagamizuka Kofun

円墳
Round

5世紀中ごろ　墳丘：直径 15m、高さ 1.5m（いずれも現状）
Mid- 5th century Mound:diameter 15m, hight 1.5m(Both are in the current state)

スーパーマーケットの敷地に食い込むような形で存在する。

　スーパーマーケットの駐車場の片隅にこぢんまりとある古墳。仁徳天皇陵の陪冢であると考えられています。現状では一見方墳のように見えますが、発掘調査の結果、直径約 26m の円墳であることがわかっています。また、周濠もあったことがわかりました。周濠のあった場所からは墳丘から転落してきた葺石や埴輪などが見つかっています。もともとは世界遺産候補の古墳でしたが、景観上の問題を指摘され、候補から外されました。

It is believed to be a satellite tomb of Nintoku-tenno-ryo Kofun. An excavation revealed that it is a round kofun.

堺市北区百舌鳥赤畑町
JR 阪和線「百舌鳥」駅
北へ 10 分

坊主山古墳 Bozuyama Kofun

二徳陵陪冢り号飛地

世紀後半　墳丘：直径 10m、高さ 2.8m
Second half- 5th century Mound: diameter 10m, hight 2.8m

円墳
Round

主宅地の隙間にひっそりと存在する。

　現状では三角形の塚ですが、もともとは直径約 40m の円墳だったと推定されています。戦後すぐに撮られた航空写真を見ても、現状とほぼ変わらない姿をしています。当時は一帯が農地だったので、開墾するときに削られたのかもしれません。私有地や冊で取り囲まれ、近くまで行くことは難しいですが、よく見ると葺石のような小石が観察できます。仁徳天皇陵の陪冢の飛地として指定されていますが距離があり、独立した古墳であるとの説もあります。

Although it is considered to be a satellite tomb of Nintoku-tenno-ryo Kofun, it is also said to be an independent tomb as located distantly from Nintoku-tenno-ryo.

堺市北区百舌鳥赤畑町
JR 阪和線「百舌鳥」駅
北へ 10 分

49

5 塚廻古墳 Tsukamawari Kofun

円墳
Round

円墳
Round

5世紀中ごろ　墳丘：直径32m、高さ5.1m
Mid- 5th century Mound:diameter 32m, hight 5.1m

World Heritage Site

私有地に囲まれているので接近するのは難しい。

　2段に築成された円墳です。発掘調査の結果、幅約10mの周濠があったことがわかっています。仁徳天皇陵古墳の外周道路にその周濠があった位置がタイルで示されているので注意深く足元を見てみましょう。明治45（1912）年の発掘調査では、舟形の木棺や勾玉、管玉などの宝物が発見されています。墳丘の裾には埴輪列があることもわかっています。仁徳天皇陵古墳との距離も近く、同陵の陪冢であると考えられています。

Surrounded by private properties, it is difficult to approach closely. This round kofun was constructed in two tiers. An excavation found some remains including a wooden coffin.

堺市堺区百舌鳥夕雲町
JR阪和線・南海高野線「三国ヶ丘」駅　南へ徒歩8分

4 源右衛門山古墳 Genemonyama Kofun

二徳陵陪冢ち号飛地

円墳
Round

World Heritage Site

世紀前半　墳丘：直径34m、高さ5.4m
Mid- 5th century Mound:diameter 34m, hight 5.4m

二徳天皇陵古墳の周回道路から別れる西側の道路から柵越しに観察できる。

　仁徳天皇陵の陪冢の飛地とされています。三国ヶ丘駅から最も近い古墳ですが全周の半分以上が私有地に囲まれていてなかなか見つけづらい古墳です。敷地はほぼ正円で残されていて墳丘もまた円墳らしい姿を保っています。現在では跡形もありませんが、もとは幅約5mの周濠がありました。周濠のあった位置は道路にタイルで再現されているので、足元を注意深く見てみましょう。濠のあった場所からは円筒埴輪などが出土しています。

It is considered to be a satellite tomb of Nintoku-tenno-ryo Kofun. It used to have a surrounding moat about 5 meters wide although there is no trace of it anymore. The shape of the moat is drawn with the tiles laid on the road.

堺市堺区向陵西町
JR 阪和線・南海高野線「三国ヶ丘」駅　西へ徒歩4分

散策ガイド

百舌鳥駅から歩いて上野芝駅に至るルートがよいでしょう。途中堺市博物館に寄ってから、世界遺産になった古墳を訪れ、最後は履中天皇陵の外側を歩いて履中陵の巨大さを足で確かめましょう。履中陵の西側（地図では左側）は遊歩道として整備されていて、気持ちよく歩けます。東側は住宅地としての開発が早かったのか入り組んだ路地となっているのでお勧めしません。

Walking guide

The best walking route is from Mozu Station to Uenoshiba Station. After stopping by Sakai City Museum, you can visit the kofun registered as a World Heritage Site and walk along Richu-tenno-ryo Kofun to experience its hugeness through walking. The west side of Richu Kofun (the left side of the map) is developed in a comfortable promenade. As the narrow alleys on the east side are complicated, which might be due to earlier residential development of this area, walking on the side is not recommended.

桧塚古墳
Hinokizuka Kofun

西酒呑古墳 → P69
Nishisakenomi Kofun

東酒呑古墳 → P6
Higashisakenomi Kofun

乳岡古墳 → P70
Chinooka Kofun

遊歩道。

履中天皇陵古墳エリア

履中天皇陵を中心としたエリアです。整然と区画された閑静な住宅街の中に忽然と現れる古墳。百舌鳥古墳群らしい雰囲気をもったエリアです。エリア内には桧塚古墳が含まれますが工場の敷地の中にあり、常時公開されていません。百舌鳥・古市古墳群きってのレア古墳といえるでしょう。公開日をホームページで調べてから訪れましょう。また大塚山古墳は消滅墳ですが、街区にその名残があります。その姿の痕跡をとどめる消滅墳はレアなのでここもまたレア古墳だといえるでしょう。

Richu-tenno-ryo Area

This is the area centered on Richu-tenno-ryo Kofun. As you walk through the quiet residential area with orderly lots, kofun suddenly appear in front of you. The atmosphere in this area is unique to Mozu Kofun Group. The area includes Hinokizuka Kofun, which is located inside a factory site and ordinary not open to the public. You should check the opening day on the website or other sources before visiting. While Otsukayama Kofun has already disappeared, its trace can be seen in the name of the district. As there are only few disappeared kofun that have their reference materials, it can be said to be a rare kofun.

経堂古墳 → P66
Kyodo Kofun

大塚山古墳（消滅） → P7
Otsukayama Kofun(destruction)

かぶと塚古墳 → P67
Kabutozuka Kofun

百済川

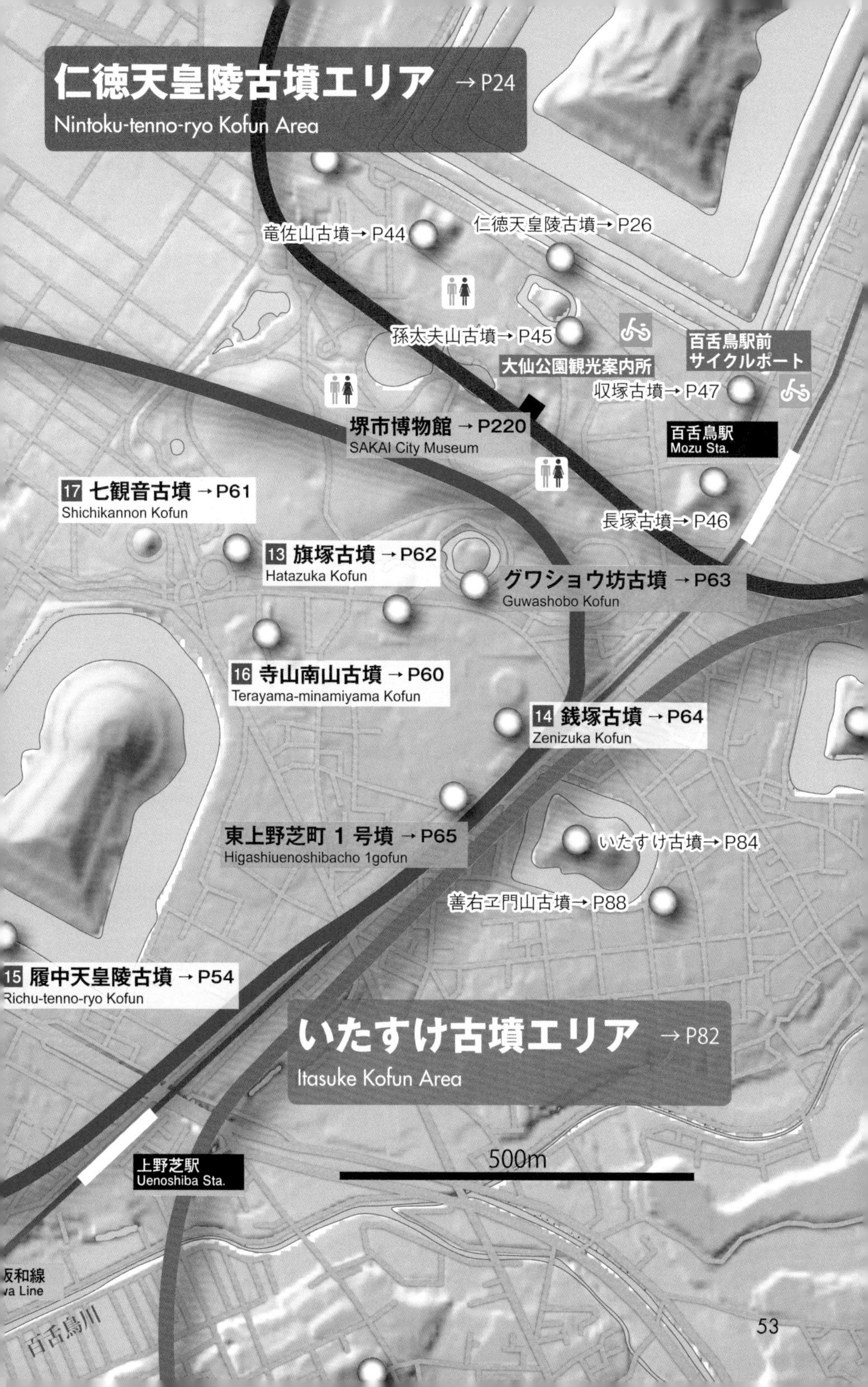

仁徳天皇陵古墳エリア →P24
Nintoku-tenno-ryo Kofun Area
竜佐山古墳→P44
仁徳天皇陵古墳→P26
孫太夫山古墳→P45
大仙公園観光案内所
百舌鳥駅前
サイクルポート
収塚古墳→P47
堺市博物館 →P220
SAKAI City Museum
百舌鳥駅
Mozu Sta.
17 七観音古墳 →P61
Shichikannon Kofun
長塚古墳→P46
13 旗塚古墳 →P62
Hatazuka Kofun
グワショウ坊古墳 →P63
Guwashobo Kofun
16 寺山南山古墳 →P60
Terayama-minamiyama Kofun
14 銭塚古墳 →P64
Zenizuka Kofun
東上野芝町 1 号墳 →P65
Higashiuenoshibacho 1gofun
いたすけ古墳→P84
善右ヱ門山古墳→P88
15 履中天皇陵古墳 →P54
Richu-tenno-ryo Kofun
いたすけ古墳エリア →P82
Itasuke Kofun Area
500m
上野芝駅
Uenoshiba Sta.
阪和線
va Line
百舌鳥川

15 履中天皇陵古墳 Richu-tenno-ryo Kofun： the Mausoleum of Emperor Richu

もずのみみはらのみなみのみささぎ
百舌鳥耳原南陵
かみいしづ　　　　　　　　　　　　　　　　　　　　も　ず　みささぎやま
上石津ミサンザイ古墳／石津ヶ丘古墳／百舌鳥陵山古墳

World Heritage Site

前方後円墳
'keyhole-shaped' tumulus

5世紀前半　墳丘：長さ365m、高さ27.6m（後円部）
First half- 5th century Mound:length 365m, hight 27.6m（round part）

七観山古墳（消滅・再建）
Shichikanyama Kofun(destruction)

昭和27（1952）年に消滅した古墳。発掘調査は行われていて多数の宝具が出土した。このことから履中天皇陵の陪冢だとされている。一度は更地になったが、平成11（1999）年に再建された。

16 寺山南山古墳 → P60
Terayama-minamiyama Kofun

17 七観音古墳 → P61
Shichikannon Kofun

ビュースポット。お立ち台もありフェンスを気にせず墳丘の観察や撮影ができる。無料。

地形は前方部のほうが高く、後円部に近づくにつれ低くなっている。このため、堤は後円部のあたりではかさ上げされており、まるで堤防のようになっている。

写真：堺市

日本第3位の墳丘の長さを誇る墳墓です。現在では1重の周濠ですがかつては外側にもう1重の周濠があったことがわかっています。墳丘の状態はよく保存されていて、外周道路やビュースポットからはその美しい姿を見ることができます。

This tomb has the third longest mound in Japan. There is only a single moat now, but there used to be another moat outside. The mound has been preserved well and its beautiful appearance can be seen from the peripheral road and the viewing spot.

JR 阪和線
Hanwa Line

15 履中天皇陵
Richu-tenno-ryo Kofun

拝所
Place of worship

500m

堺市
Sakai City

百舌鳥駅
Mozu sta.

★

上野芝駅
Uenoshiba sta.

堺市西区石津ヶ丘
JR 阪和線「上野芝」駅
西へ徒歩4分

55

⑮履中天皇陵古墳

鳥居が新調されたのか、まだみずみずしい木の肌。周濠が1重なので比較的墳墓には近づける。

仁徳天皇の子、第17代履中天皇の陵墓とされています。全国3番目の規模でその規模にふさわしく、陪冢は10基、周濠は2重であったようです。現在は陪冢のほとんどは破壊されています。終戦直後に撮られた写真を見ると、すでに陪冢も周濠も更地となっていて、それらの破壊はかなり前に行われていたようです。江戸期の史料『聖蹟図志』（1854）を見ると「二重池」と記載されているので、少なくとも周濠の一部は江戸期まではあったようです。さらに『聖蹟図志』を引用すると「樹木ナシ　草山ナリ　俗スリバチ山ト云」という記述があります。江戸期には草山だったようです。

周濠の痕跡

第二次世界大戦終戦直後（1946年6月）に米軍により撮影された履中天皇陵。写真の右上の田畑の部分が不自然な楕円形をしているので周濠の痕跡だと思われる。宅地開発は周濠のそばまで及んでいないが、陪冢はすでに見る影もない。

This is believed to be the tomb of the 17th emperor and a son of Emperor Nintoku, Emperor Richu. A trace of the outer moat can be seen in the aerial photo taken by the US military right after the WWII. While it is said that there were 10 satellite tombs before, only a few of them are officially recognized now.

ビュースポットからの展望。フェンスにはカメラのレンズを突っ込める穴がある。

宮内庁立札
Imperial Household Agency Sign board

御陵印 Imperial tomb stamp

履中天皇
百舌鳥
耳原南陵

レーザー測量図　Laser survey map

仁徳天皇陵に比べると奇跡と言っていい状態のよさで
ある。テラスも2段確認できる。また前方部の頂上が
円形に盛り上がっているのが興味深い。

履中天皇 17代天皇

皇居：磐余稚桜宮（奈良県桜井市）
在位期間：履中天皇元年（西暦400）2月1日〜同6年（405）3月15日
先代：仁徳天皇（P32）　次代：反正天皇（P78）
父：仁徳天皇　母：葛城磐之媛命　皇后：草香幡梭皇女
子女：磐坂市辺押磐皇子（24代仁賢天皇の父）、御馬皇子、青海皇女、中磯皇女

English

地方に役人を派遣

　日本の各地に書記官を派遣し、その土地の情報を朝廷に集める事業を開始しました。これにより国内の情勢をつかむことができ、安定した政治ができるようになりました。また、蔵職とよばれる朝廷の財産を管理する役人も諸国に派遣し、朝廷に献上する品物を管理しました。しかし、『日本書紀』には筑紫（福岡県）に重い課税をしたところ、筑紫の神に祟られ慌てて税率を下げたという記述があります。まだ朝廷の権威が九州においてそれほど強くなかったことがうかがい知れます。

　父、仁徳天皇が朝廷の基盤を安定させ、息子の履中天皇がその支配権を全国に広げようとした、というところでしょう。

磐余池をつくる

　土地改良工事に生涯をかけた父、仁徳天皇とは打って変わって履中天皇は皇居のそばに、遊ぶための磐余池（現在の奈良県桜井市・橿原市）を造り、舟を浮かべて優雅に遊ぶ会を主催していました。ある宴にて、履中天皇の杯に桜の花びらが舞い込んだといいます。それを見た天皇は池の近くにある皇居を「磐余稚桜宮」としました。これが桜井市の由来となっています。

磐余池推定地（奈良県桜井市・橿原市）。池だとされる所は水田になっている。

弟に命を狙われ逃避行

　履中天皇も父・仁徳天皇同様にすんなり皇位に就けませんでした。履中天皇の弟（同母）、住吉仲皇子に命を狙われたのです。仁徳天皇が崩御した後、皇太子だった履中天皇は后となる予定だった黒媛（くろひめ）を弟の住吉仲皇子に迎えにいかせます。黒媛を見た住吉仲皇子は自分があなたの伴侶となる履中天皇だと偽り一緒に寝てしまいます。発覚を恐れた住吉仲皇子は履中を殺せば黒媛をほんとうに自分の后にできると考え、履中天皇が住んでいた難波宮（なにわのみや）を焼いてしまいます。履中天皇は難波宮で酔っ払って寝ていたところを家臣に救い出され、朝廷の軍が集まる石上神宮（いそのかみじんぐう）へと逃げるのです。

履中天皇逃避行マップ

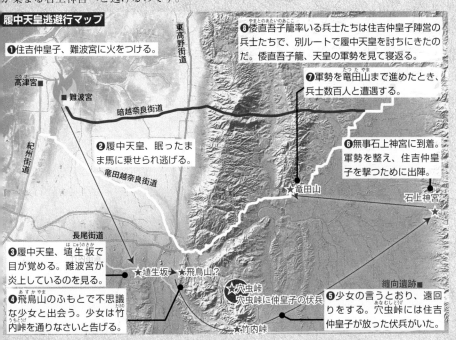

❶住吉仲皇子、難波宮に火をつける。

❷履中天皇、眠ったまま馬に乗せられ逃げる。

❸履中天皇、埴生坂（にゅうのさか）で目が覚める。難波宮が炎上しているのを見る。

❹飛鳥山（あすかやま）のふもとで不思議な少女と出会う。少女は竹内峠（たけのうちとうげ）を通りなさいと告げる。

❺少女の言うとおり、遠回りをする。穴虫峠（あなむしとうげ）には住吉仲皇子が放った伏兵がいた。

❻無事石上神宮に到着。軍勢を整え、住吉仲皇子を撃つために出陣。

❼軍勢を竜田山（たつたやま）まで進めたとき、兵士数百人と遭遇する。

❽倭直吾子籠（やまとのあたいのあここ）率いる兵士たちは住吉仲皇子陣営の兵士たちで、別ルートで履中天皇を討ちにきたのだ。倭直吾子籠、天皇の軍勢を見て寝返る。

★穴虫峠　穴虫峠に仲皇子の伏兵

高津宮（こうづぐう）　■難波宮　暗越奈良街道　東高野街道　紀州街道　竜田越奈良街道　長尾街道　★埴生坂　★飛鳥山？　★竜田山　石上神宮　纒向遺跡■　★竹内峠

失敗した弟による謀反

　履中天皇が石上神宮に到達してしまい、軍勢に守られた履中天皇の暗殺は難しい状況になりました。

　住吉仲皇子はやがて弟（同母）の瑞歯別皇子（みずはわけみこ）に殺されます。つまり自分の分身ともいえる兄弟間で殺し合ったのです。瑞歯別に恩を感じたのか履中天皇は息子ではなく、瑞歯別を皇太子としました。後の反正天皇（はんぜい）（P78）です。

皇居を磐余に移す

　事後、履中天皇は皇居を難波（大阪市）から磐余（奈良県桜井市）に移しました。

写真：桜井市観光協会　写真：桜井市観光協会

桜井市に「磐余稚桜宮」の跡であるという伝承が残る場所は2つ。写真左の若桜神社と写真右の磐余稚櫻神社。

16 寺山南山古墳 Terayama-minamiyama Kofun

方墳
Square

5世紀前半　墳丘：長辺44.7m、高さ4.7m
First half-5th century Mound:long side length 44.7m, hight 4.7m

だいせん
大仙公園と近接するところにあるが、観光地としての整備から取り残されたような外観。

　農地として開墾されたのかいびつな四角形をしていて、現代になっても人の手が入っていないのか、どこか殺伐とした姿をしています。墳丘は2段、造り出しもありました。墳丘のテラスには埴輪列があり、また造り出しのそばからは家形埴輪などが出土しました。もともとは1重の周濠があったことがわかっていて、その周濠はかつてあった履中天皇陵古墳の2重目の周濠と接していたと考えられています。このため、履中天皇陵の陪冢ではないかという説があります。

A satellite tomb of Richu-tenno-ryo Kofun. The mound is built in two tiers and rows of haniwa were found on its terrace.

500m

堺市
Sakai City　★　百舌鳥駅
Mozu sta.

上野芝駅
Uenoshiba sta.

堺市西区上野芝町
JR阪和線「百舌鳥」駅
南西へ徒歩11分

17 七観音古墳 Shichikannon Kofun

円墳
Round

5世紀後半　墳丘：直径 25m、高さ 3m
Second half- 5th century Mound:diameter 32.5m, hight 3.8m

大仙公園の中にある古墳。しっかりと整備されており、すっきりと観察しやすい。

　よけいな柵がないので近くまで寄って観察できます。現状でもきれいな円墳ですが、発掘調査の結果直径約 25m、高さ 3m の円墳であったことがわかっています。墳丘の裾には石で造った土止めがめぐっていますが、これは本来古墳にあったものではありません。埋葬施設の有無などはわかっていませんが、碧玉製の副葬品が見つかったと記録には残っています。また墳丘からは円筒埴輪が見つかっています。履中天皇陵の陪冢であるという説もあります。

A satellite tomb of Richu-tenno-ryo Kofun. Even though no burial facility has been found, grave goods such as jewelries were found.

堺市堺区旭ヶ丘北町
JR 阪和線「百舌鳥」駅
南西へ徒歩 11 分

13 旗塚古墳 Hatazuka Kofun

帆立貝形墳
Scallop-shaped

World Heritage Site

5世紀中ごろ　墳丘：全長約57.9m、高さ3.8m
Mid- 5th century Mound:length 57.9m, hight 3.8m

きれいな帆立貝形をよく残した墳丘。ぐるりと周濠が取り囲むが空堀である。

墳丘は2段に築造されていて、くびれ部には造り出しがあり、帆立貝形としては珍しい造りです。埋葬施設の有無はまだわかっていませんが円筒埴輪が出土しています。かつて大仙公園は都市緑化植物園として計画されていたので、墳丘に自然生態系の表現としてクヌギ、アベマキ、エノキなどが植樹されて現在に至ります。墳丘には容易に近づくことができますが、木々が密生しているため、人々の侵入を拒むような様相を呈しています。

The mound has two tiers. While presence of a burial facility is still undetermined, cylindrical haniwa were found.

500m
堺市
Sakai City
★ 百舌鳥駅
Mozu sta.
上野芝駅
Uenoshiba sta.

堺市堺区百舌鳥夕雲町
JR阪和線「百舌鳥」駅
南西に徒歩7分

グワショウ坊古墳 Guwashobo Kofun

円墳
Round

５世紀後半　墳丘：直径 61m、高さ 3.7m
Second half- 5th century Mound:diameter 61m, hight 3.7m

墳丘の上部が削り取られているのでこんもりと盛り上がった古墳というイメージからは離れる。

　やや卵形に近い円墳で２段に築成されていることがわかっています。また周濠もあり現在もそれを確認することができます。直径約 61m と大きく百舌鳥・古市古墳群のなかで３位の大きさの円墳。この規模なので仁徳天皇陵や履中天皇陵の陪冢ではないと考えられています。かなり以前から墳丘の頂上部分が平らに削られているため、全体に平らな印象で、存在感はさほどありません。円筒埴輪、形象埴輪などが出土しています。

This is the third largest kofun among Mozu-Furuichi Kofun Group. Because of its large scale, it is believed not to be a satellite tomb of Nintoku-tenno-ryo Kofun or Richu-tenno-ryo Kofun. Cylindrical haniwa and representational haniwa were excavated.

500m
堺市
Sakai City
★ 百舌鳥駅
Mozu sta.
上野芝駅
Uenoshiba sta.

堺市堺区百舌鳥夕雲町
JR 阪和線「百舌鳥」駅
南西に徒歩７分

14 銭塚古墳 Zenizuka Kofun

帆立貝形墳
Scallop-shaped

World Heritage Site

5世紀後半 墳丘：長さ72m、高さ2.3m
Second half- 5th century Mound: length 72m, hight 2.3m

学校敷地内にあるため、立ち入り禁止。航空写真だと帆立貝形を示すラインがよく見える。

学校の校庭の中にあるため、部外者は立ち入ることができません。前方部が削られてほとんど存在感を示さないため円墳に見えますが帆立貝形の古墳です。本来の姿がわかるように、前方部の形状が地上に示されています。

調査の結果周濠がめぐっていなかったことも確認されました。後円部北側のテラスで円筒埴輪が出土しています。埴輪の形状から5世紀中ごろから後半の築造と考えられています。

This kofun cannot be closely approached because it i located inside a school. An excavation revealed tha there used to be a moat where cylindrical haniwa were unearthed.

堺市堺区東上野芝町
JR阪和線「百舌鳥」駅
南西へ徒歩6分

東上野芝町１号墳 Higashiuenoshibacho 1gofun

円墳
Round

明　墳丘：不明
nknown

これが古墳？　と二度見するほどの存在感の薄さ。

　もともとは円墳であったとされています
が、現状では円墳どころかこれが古墳か
うかもわからなくなっています。写真左の
斜めに走る道路が古墳を切り裂いたようで
す。写真の奥側には墳墓であった形跡はも
はやありません。市が掲示する古墳案内板
もなく、このわずかに盛り上がった築山が
古墳であると認識している人はごくわずか
なのでは。しかし逆に考えると、よくこの
ような状態で残ったなとも。利用しにくい
三角形の地形だったからでしょうか。

Even most people living in the neighborhood do not know
that this hillock is a kofun. A research found that it was a
round kofun.

堺市堺区東上野芝町
JR 阪和線「百舌鳥」駅
南西へ徒歩 10 分

65

経堂古墳 Kyodo Kofun

履中陵い号陪冢

不明　墳丘：直径 20m
Unknown Mound: diameter 20m

円墳
Round

閑静な住宅街にまぎれるように存在する古墳。景観にも配慮されたたたずまいは美しい。

　履中天皇陵古墳の陪冢として宮内庁が管理している古墳です。現在では羽子板のような形をしていますが、もともとは円墳でした。古墳の破壊はまだ周辺が田園地帯であったころからすでに行われていたようです。おそらく農地として開墾されてしまったのでしょう。この古墳もまた、よく残ったものだとしみじみとしてしまいます。落ち着いた住宅地に配慮したのか、古墳を守る囲いもフェンスも暗い色で塗られ、まるで箱庭のような愛らしさです。

This kofun is located inside the garden of a private house. It is believed to be a satellite tomb of Richu-tenno-ryo Kofun and managed by the Imperial Household Agency. It was originally a round kofun. It is beautifully preserved in consideration of the landscape.

堺市堺区南陵町
JR 阪和線「上野芝」駅
北西へ徒歩 10 分

かぶと塚古墳 Kabutozuka Kofun

帆立貝形墳
Scallop-shaped

不明　墳丘：長さ 50m
Unknown Mound: length 50m

私有地の中にあるので接近して見学はできない。

　昭和 25（1950）年に取り壊された大塚
山古墳（→ P71）の陪冢ではないかとされ
ています。帆立貝形墳であったとされてい
ますが現状では長方形です。私有地の中に
ある古墳なので許可なく立ち入ることは厳
禁です。古墳の裏側の道路が古墳の後円部
を真っ二つにし、破壊してしまいました。
前方部は北側にありましたが、こちらも更
地になっています。大塚山古墳はなくなっ
てしまいましたが、陪冢だけが残っている
というなんとも珍しい状態です。

This kofun cannot be observed closely because it is inside
a private property. Although it is said to be a scallop-
shaped kofun, it is rectangular now. There is a theory that
this is a satellite tomb of disappeared Otsukayama Kofun
(→ P71).

堺市西区上野芝町
JR 阪和線「上野芝」駅
北西へ徒歩 10 分

東酒呑古墳 Higashisakenomi Kofun

履中陵ろ号陪冢

円墳
Round

不明 墳丘：直径21m
Unknown Mound:diameter 21m

探すのに苦労する古墳ナンバーワン。

　履中天皇陵の陪冢とされ、宮内庁が管理しています。もともとは円墳でしたが、それを確認するのは難しい状況です。宅地化される前の第二次世界大戦終戦直後に撮られた写真を見ても現状とさほど変わっていないので、農地として開墾されて姿を変えてしまったのでしょう。周囲を住宅が取り囲んでいるので、古墳の全容を道路から確認することは難しいです。管理者が通る細い通路が住宅の間にあるので、そこを通っていくとフェンスに行き着きます。

It is believed to be a satellite tomb of Richu-tenno-ryo Kofun and managed by the Imperial Household Agency. Surrounded by private houses, this kofun is hard to be found. The name of Higashisakenomi Kofun literally means the kofun of the eastern drinker.

堺市堺区南陵町
JR阪和線「上野芝」駅
北西へ徒歩20分

西酒呑古墳 Nishisakenomi Kofun

覆中陵は号陪冢

不明　墳丘：直径 25 m
Unknown Mound:diameter 25m

円墳
Round

住宅地の中、隣が児童公園跡なので落ち着いて観察することができる。

　履中天皇陵の陪冢とされています。東の酒呑古墳よりはずっと見学しやすい古墳です。西の酒呑古墳もまた円墳でしたが、現状では細長い方墳のような姿です。こちらもまた古墳の破壊は古くから行われていたようで、やはり農地として開墾されてしまったのだと思います。東の酒呑古墳は住宅地に囲まれていてこれ以上美観をよくすることは難しいのでしょうが、西の酒呑古墳は手を入れれば経堂古墳（→ P66）並みに綺麗になるのではと思わせます。

It is believed to be a satellite tomb of Richu-tenno-ryo Kofun and managed by the Imperial Household Agency. The name of this means the kofun of the western drinker. As it was originally a round kofun that might have been scraped in farmland reclamation, it currently looks like a long square kofun.

堺市堺区旭ヶ丘南町
JR 阪和線「上野芝」駅
北西へ徒歩 20 分

乳岡古墳 Chinooka Kofun

4世紀後半　墳丘：長さ155m、高さ14m（後円部）
Second half- 4th century Mound:length 155m, hight 14m（round part）

中途半端に破壊されたがゆえに、その圧倒的ボリュームを間近に感じることができる。

　もともとは前方後円墳で周濠を持つ、百舌鳥古墳群のなかで6番目の大きさを誇る大型前方後円墳でした。後円部は3段に築造され、葺石と埴輪が立てられていたことがわかっています。昭和47（1972）年に埋葬施設の調査が行われ、後円部中央から石棺が出土し、石棺の付近で副葬品が見つかっています。石棺は埋め戻されましたが、副葬品は堺市博物館（→P220）で展示しています。百舌鳥古墳群で最初に造られた大型前方後円墳でもあります。

This kofun has deformed and it is hard to tell now that i was the 6th largest keyhole-shaped kofun among Mozu Kofun Group at the time of construction. You can see its hugeness when coming closer to it. An excavation found a stone chamber in the center of the round rear part. Its grave goods are displayed at Sakai City Museum.

堺市堺区石津町
南海バス「石津神社前バス停」下車

500m　堺市
Sakai City

★

上野芝駅
Uenoshiba sta.

消滅古墳：大塚山古墳

Disappeared Kofun: Otsukayama Kofun
Once located in the south of Richu-tenno-ryo Kofun, Otsukayama Kofun was the 5th largest keyhole-shaped kofun among Mozu Kofun Group. It disappeared in the wave of housing land development after the war. Now, its trace can be seen only in the shape of the road.

履中天皇陵古墳の南には大塚山古墳がありました。昭和23（1948）年2月20日の航空写真を見ると、3段に積み上げられた墳丘が確認できます。全長168mと比較的大きく、百舌鳥古墳群のなかでは5番目の大きさでした。しかし戦後の宅地開発の波に押され、消える運命にありました。

1948/02/20　これより以前の写真には墳丘に樹木がある。

出典：国土地理院

昭和31（1956）年5月3日の航空写真を見ると、すっかり更地になっています。しかし、この時点では前方部の角の一部は破壊されていません。この部分は1980年代に発掘調査が行われ埴輪が出土しました。調査の結果、大塚山古墳は5世紀前半に造られたことがわかりました。この部分も後に更地になります。

1956/05/03　更地になっている。

出典：国土地理院

2007/07/27　道路の形で古墳の姿がわかる。小規模な古墳が現在も残るなか、これほど大きな古墳が戦後に消滅したとは驚きである。

現在　後円部の位置を示すゆるやかに曲がった道路。後円部のほぼ中央には公園が整備され、大塚山古墳を説明する案内板がある。

出典：国土地理院撮影の空中写真

反正天皇陵古墳エリア

南海高野線、堺東駅の東側一帯です。古墳の分布は小規模なので、たとえば堺東駅付近のホテルに泊まったとするならば、朝食前の散歩にちょうどよい距離です。駅チカということもあり、閑静な住宅街の中に古墳が点在しています。

Hanzei-tenno-ryo Kofun Area

This area is located in the east of Sakai-Higashi Station on the Nankai Railway Koya Line. The distribution of the kofun is limited and it is a good distance for a walk before breakfast if you stay at a hotel near Sakai-Higashi Station. The kofun are scattered in the quiet residential area as the area is close to a train station.

阪神高速 15 号堺線

堺東駅前サイクルポート

堺東駅
Sakaihigashi Sta.

堺東観光案内所

東出口
East Exit

堺市役所
SAKAI City Hall

堺市役所

南海高野線
Koya Line

散策ガイド

堺東駅から歩いて堺東駅に戻ってくるルートがよいでしょう。堺東駅の東出口が至近の出口なのですが、そこへ向かう人は少なく、ほとんどの人は西出口へと向かいます。その人の流れに乗っていったん西出口を出て線路沿いに南下すると踏切がありますので、踏切を渡って東側に出るのもいいでしょう。古墳を巡りつつ、方違神社に立ち寄るというルートをお勧めします。

堺市役所庁舎。展望ロビーからは近くに反正天皇陵古墳が見える。

反正天皇陵古墳へと向かう道。なだらかな坂になっていて、やはり反正天皇陵古墳も高台に築造されていることに気づかせてくれる。

500m

丸保山古墳→P3

菰山塚古墳→ P40

Walking guide

Walking from Sakai-Higashi Station and returning to the station is the best route. Although the nearest exit to the kofun is the east exit of the station, there are few people heading to it and most walk toward the west exit. Even if you walk through the west exit following the flow of people, you can go south to cross a railroad toward the east side. It is recommended to visit Hochigai Shrine while walking around kofun.

長尾街道

方違神社
Hochigai Shrine

天王古墳 → P80
Tenno Kofun

鈴山古墳 → P81
Suzuyama Kofun

JR 阪和線
Hanwa Line

1 反正天皇陵古墳 → P74
Hanzei-tenno-ryo Kofun

Hochigai Shrine →

Since old times, it is believed in Japan that there are directions of luck and bad luck. People pray to this god in some situation, for example, when having to travel toward an unlucky direction.

方違神社

古くから日本ではよい方角と悪い方角があると信じられていて、悪い方角にどうしても旅に出なければならないときなど、この神様にお祈りをしています。かの武勇を馳せた「神功皇后」もここでお祈りをし、朝鮮半島に渡って朝鮮半島の一部を平定したと伝えられています。神功皇后は仲哀天皇（→ P196）の后で、反正天皇の曽祖母にあたります。

仁徳天皇陵古墳エリア → P24
Nintoku-tenno-ryo Kofun Area

永山古墳→P38

茶山古墳→P30

竹内街道

西高野街道

三国ヶ丘駅
Mikunigaoka Sta.

1 反正天皇陵古墳

Hanzei-tenno-ryo Kofun：the Mausoleum of Emperor Hanzei

前方後円墳
`keyhole-shaped` tumulus

もずのみみはらのきたのみささぎ
百舌鳥耳原北陵
たでいやまこふん
田出井山古墳

World Heritage Site

5世紀前半　墳丘：長さ 148m、高さ 13m（後円部）
First half-5th century Mound:length 148m, hight 13m（round part）

拝所
Place of worship

鈴山古墳 → P81
Suzuyama Kofun

方違神社 → P73
Hochigai Shrine

写真：堺市

仁徳天皇陵古墳の3分の1ほどの大きさです。住宅街にありながらも比較的よくその姿を残している古墳です。墳丘は3段に築かれています。現在では1重の周濠ですが、発掘調査の結果、もう1重外側に濠があったことがわかっています。

This kofun is about a third of Nintoku-tenno-ryo Kofun in size. Even though the kofun is located in a residential area, its appearance is relatively well-preserved. The mound is built in three tiers. It currently has a single moat, and an excavation revealed another moat outside.

500m
堺市
Sakai City
堺東駅
Sakaihigashi sta.
三国ヶ丘駅
Mikunigaoka sta.

堺市堺区北三国ヶ丘町
南海高野線「堺東」駅
東へ徒歩7分

1 反正天皇陵古墳
Hanzei-tenno-ryo Kofun

1 反正天皇陵

仁徳や履中天皇陵古墳にくらべてこぢんまりとしているが十分巨大墳。

　仁徳天皇の子、第18代反正天皇の陵墓とされています。第17代履中天皇は同母兄にあたります。履中天皇陵古墳は日本第3位を誇る威容ですが、反正天皇陵古墳は50位にも入らない大きさです。『日本書紀』においても反正天皇の章は極端に少なく、古墳の規模となぜかマッチしています。そんな比較的小さな前方後円墳ではありますが、それでも墳墓としては巨大であり、また天皇陵でもあるのできちんと手入れをされていて、見目麗しい墳墓です。周濠（しゅうごう）を一周ぐるりとは回れませんが、方違神社のあたりから墳墓の全容を見学することができます。周濠に水をたたえた美しい陵（みささぎ）は、やはり威容であると言えましょう。

堺市役所の展望台からよく見える

堺市庁舎21階展望ロビー（→P72）から、反正天皇陵がよく見える。2本の高層ビルを目印に探してみよう。また展望ロビーからは仁徳天皇陵古墳や履中天皇陵古墳も眼下に見下すことができる。

It is believed to be the tomb of the 18th emperor and a son of Emperor Nintoku, Emperor Hanzei. The 17th Emperor Richu was his uterine brother. Although you cannot walk all along the surrounding moat, whole aspect of the mound can be observed from Hochigai Shrine. Hanzei-tenno-ryo Kofun also can be seen clearly from the observation lobby on the 21st floor of Sakai City Hall (P72). Two skyscrapers lead you to find the place. From the lobby, you can also observe both Nintoku-tenno-ryo Kofun and Richu-tenno-ryo Kofun below.

方違神社の敷地内から見る反正天皇陵古墳。後円部のあたりを見学できる。

宮内庁立札
Imperial Household Agency Sign board

御陵印 Imperial tomb stamp

レーザー測量図　Laser survey map

3段に築造された美しいままの姿を保っている。造り出
しは履中天皇陵古墳と同じく、後円部を上に見て左側に
だけある。

反正天皇 18代天皇

English

皇居：丹比柴籬宮（大阪府松原市）
在位期間：反正天皇元年（西暦406）1月2日〜同5年（410）1月23日
先代：履中天皇（P58）／**次代**：允恭天皇（P176）
父：仁徳天皇／**母**：葛城磐之媛命／**皇后**：ー（夫人として津野媛、弟媛の名がある）
子女：香火姫皇女、円皇女、財皇女、高部皇子

兄を助けるために兄を討つ

『日本書紀』において反正天皇の記述は兄履中天皇の命を救ったという出来事で占められています。それは履中天皇の章で語られていて、反正天皇自身の章は出生地や子孫などの事務的な記述にとどまっていて、反正天皇の業績は記されていません。在位期間も5年と短く、兄の履中天皇の命を救ったというのが反正天皇の最大の業績だったのかもしれません。

反正天皇は履中天皇を助けようとしますが履中天皇はそれを疑います。反正天皇と履中天皇と住吉仲皇子は同じ母をもつ兄弟。反正天皇が住吉仲皇子と結託して自分（履中）を討とうと考えたとしても不思議ではありません。

裏切り者を使って兄を殺害

履中天皇は自分を助けるというのなら、住吉仲皇子を殺害してこい、と言いました。そう言われて反正天皇はためらいます。どちらも自分の大切な兄だ。どうすればいいのだろうと。しかし反正天皇は正道を行くべきだと決意し、兄の住吉仲皇子の暗殺を計画します。まずは住吉仲皇子の側近を裏切らせ、側近は住吉仲皇子を殺害します。そして反正天皇はその側近に褒美として大きな杯で酒を飲ませ、杯をあおった瞬間に首をはねました。一度裏切ったものは信用できないと考えたのです。

皇居を丹比柴籬宮（大阪府松原市）に移す

　反正天皇は皇居を今の大阪府松原市にある柴籬神社付近に移しました。反正天皇はここで５年間という短い期間でしたが国を統治しました。この反正天皇が治めた時期は気候が安定していて、作物が豊富に収穫できたと『日本書紀』に書かれています。民衆は財を蓄え、とても平和な時代であったと。

写真：松原市

柴籬神社（大阪府松原市）。皇居跡との伝承が今に伝わる。

柴籬神社は歯の神社

　反正天皇は美男子で、とくに歯は１本の骨のように綺麗に揃っていたと『日本書紀』にあります。反正天皇を祭神とする柴籬神社は数少ない「歯の神様」として有名です。

埋葬墳に異説あり

　宮内庁は土師ニサンザイ古墳も、反正天皇の陵墓参考地として管理しています。

写真：松原市

境内にある「歯磨面」。面の歯を触ると歯が健康になるという。

写真：堺市

大阪府堺市にある土師ニサンザイ古墳（→ P96）。百舌鳥耳原北陵より大きく、堂々としている。

天王古墳 Tenno Kofun

反正陵ろ号飛地

不明　墳丘：長さ11m、高さ3m
Unknown Mound:length 11m, hight 3m

方墳
Square

破壊後の円墳のように見えるがもともと方墳。フェンス越しに観察すると葺石が見られる。

　反正天皇陵の陪冢と考えられています。一見すると円墳のようにも見えますが、天王古墳は四隅を破壊された方墳です。しかし築造当時は現状よりやや大きく、さらに濠まであったと考えられています。天王というたいそうな名にふさわしくなく、閑静な住宅街にひっそりと存在します。

　そもそも「天王」とは「天皇」に由来するのではなく、付近にあった向井神社（牛頭天王社）という神社に由来するといいます。

It is considered to be a satellite tomb of Emperor Hanzei There used to be a surrounding moat at the time o construction. Fuki-ishi (stone covering) can be seer through the fence.

500m　　堺市
Sakai City

★

堺東駅
Sakaihigashi sta.

三国ヶ丘駅
Mikunigaoka sta.

市堺区北三国ヶ丘町
南海高野線「堺東」駅
東へ徒歩10分

鈴山古墳 Suzuyama Kofun

反正陵い号飛地

不明　墳丘：長さ22m、高さ3m
Unknown Mound:length 22m, hight 3m

墳墓から生えた２本の木が印象的。宮内庁により管理されている。

　反正天皇陵の陪冢と考えられています。天王古墳と同じく百舌鳥・古市古墳群では珍しい方墳です。鈴山古墳の西側に向井神社（牛頭天王社）がありました。この向井神社跡の発掘調査の結果、反正天皇陵古墳の２重目の周濠が見つかり、また埴輪などが見つかっています。鈴山古墳の周濠は見つかりませんでした。向井神社は明治時代になくなりましたが、方違神社に合祀されました。方違神社には向井神社から移設された灯籠が残っています。

It is considered to be a satellite tomb of Emperor Hanzei. Grave goods including haniwa were found in an excavation.

堺市堺区北三国ヶ丘町
南海高野線「堺東」駅
東へ徒歩９分

81

いたすけ古墳エリア

世界遺産の御廟山古墳、いたすけ古墳、善右ヱ門山古墳、ニサンザイ古墳を含むエリアです。ニサンザイ古墳以外はJR阪和線百舌鳥駅から歩いて行ける距離です。ニサンザイ古墳にまで足を延ばそうとするならばレンタル自転車での移動をお勧めします。百舌鳥古墳群も古市古墳群もその多くは丘陵地にあります。そのため坂道も多く、できるならば電動アシストつき自転車を借りたほうがよいでしょう。

Itasuke Kofun Area

This area includes the four World Heritage Sites such as Gobyoyama Kofun, Itasuke Kofun and Nisanzai Kofun. The kofun are located within walking distance from Mozu Station on the JR Hanwa Line except Nisanzai Kofun. It is recommended to rent a bicycle if you want to go to as far as Nisanzai Kofun. Most kofun of both Mozu Kofun Group and Furuichi Kofun Group are on the hill. If possible, you should have a motor-assisted bicycle because there are many slopes on the way.

履中天皇陵古墳エリア → P52

Richu-tenno-ryo Kofun Area

孫太夫山古墳→P45

大仙公園観光案内所
収塚古墳→P

長塚古墳→P46

七観音古墳→P61

グワショウ坊古墳→P63

旗塚古墳→P62

寺山南山古墳→P60

銭塚古墳→P64

東上野芝1号墳→P65

18 いたすけ古墳 → P84
Itasuke Kofun

19 善右ヱ門山古墳 → P88
Zenemonyama Kofun

かぶと塚古墳→P67

上野芝駅
Uenoshiba Sta.

百済川

文珠塚古墳 → P95
Monjuzuka Kofun

中百舌鳥駅前サイクルポート。

レンタル自転車

　ニサンザイ古墳など駅から離れた場所にある古墳を訪れるには、レンタル自転車を利用しましょう。堺市では「さかいコミュニティサイクル」という名前で自転車を貸し出しています。自転車を借りられる場所は堺市各地にあり、借りた場所と返す場所は別でもかまいません。ニサンザイ古墳に行くには、百舌鳥駅で借りて中百舌鳥駅で返すといった使い方ができます。

Rental Bicycle

A rental bicycle is available to visit the kofun located far from a station like Nisanzai Kofun. Sakai City is lending bicycles in the name of "Sakai Community Cycle." There are many rental cycle ports around Sakai City, and you can return it to another cycle port. For example, when visiting Nisanzai Kofun, you can get it at Mozu Station and return it at Nakamozu Station.

坊主山古墳→P49

南海高野線
Koya Line

鳥駅前
クルポート

鳥駅
Sta.

仁徳天皇陵古墳エリア →P24
Nintoku-tenno-ryo Kofun Area

中百舌鳥駅

中百舌鳥駅前サイクルポート

万代山古墳 →P89
Mozuyama Kofun

にしこうや
西高野街道

御廟表塚古墳 →P93
Gobyo-omotezuka Kofun

中百舌鳥駅
Nakamozu Sta.

20 御廟山古墳 →P90
Gobyoyama Kofun

定の山古墳 →P94
Jonoyama Kofun

百舌鳥川

21 ニサンザイ古墳 →P96
Nisanzai Kofun

ドンチャ山古墳 →P100
Donchayama Kofun

正楽寺山古墳 →P101
Shorakujiyama Kofun

500m

83

18 いたすけ古墳 Itasuke Kofun

前方後円墳
'keyhole-shaped'
tumulus

🌐 **World Heritage Site**

5世紀前半　墳丘：長さ 146m、高さ 12.2m（後円部）
First half-5th century Mound:length 146m, hight 12.2m（round part）

破壊を免れた古墳です。私有地であったため、重機を墳墓の中に入れる橋がかけられ、墳丘の樹木は伐採されましたが、すんでの所で開発をストップさせることに成功しました。しかしその後、墳丘には人の手が入っておらず荒れた状態になっています。

This kofun has survived through a threat of demolition. Even though a concrete bridge had been built to install heavy machinery inside the tomb and the woods on the mound had been cut off once, the development was stopped at the last minute. However, the mound is left in ruins as it has not been maintained since then.

百舌鳥駅
Mozu sta.

中百舌鳥駅
Nakamozu sta.

★

500m　　堺市
Sakai City

堺市北区百舌鳥本町
JR阪和線「百舌鳥」駅
南西へ徒歩15分

18 いたすけ古墳
Itasuke Kofun

19 善右エ門山古墳 → P88
Zenemonyama Kofun

18 いたすけ古墳

消滅の危機をくぐり抜ける

　いたすけ古墳は個人所有の土地にあったので、戦後の開発ラッシュ時に、破壊される運命にありました。昭和30（1955）年にいたすけ古墳を守る市民運動が始まり、翌昭和31年に国指定史跡となり、保存が決定しました。このいたすけ古墳が開発から守られたという事実は、その後の古墳保存活動に勢いをつけました。

　また、世界遺産に選ばれた理由のひとつに、「開発圧力に対する住民運動によって保護された古墳が構成資産に含まれているなど、地域社会にも根ざした資産である」とあります。これはいたすけ古墳のことをさしています。百舌鳥・古市古墳群が世界遺産に認定された大きな理由のひとつに、いたすけ古墳の存在があると言っていいでしょう。

出典：国土地理院

昭和21（1946）年6月6日。周濠に水をたたえ、墳丘には樹木が茂る見慣れた前方後円墳であったことがわかる。

出典：国土地理院

昭和31（1956）年3月15日。ほとんどの樹木は伐採され、墳丘上に橋から伸びる1本の道が見える。この状態で開発はストップした。

昭和50（1975）年1月24日。カラーで撮影されているのではげ山の状態がよくわかる。そもそも古墳は築造時には樹木が一切生えていない山なので、この状態で保存されたほうがよかったのかもしれない。

出典：国土地理院撮影の空中写真

After the civil movement protecting Itasuke Kofun was started in 1955, the kofun was designated as a National Historic Site and its conservation was decided in the following year. The fact that Itasuke Kofun had been protected from development inspired the conservation movement after that. One of the reasons for being inscribed as a World Heritage Site is that it is a fundamental asset for the local community, regarding the fact that a kofun of the proposed components was preserved by a civil-guarding campaign against development pressures. This talks about Itasuke Kofun. It can be said Itasuke Kofun is one of the key factors of why Mozu-Furuichi Kofun Group was designated.

樹木の伐採後、人の手が入っていない状態なので、どこか荒涼とした風景だ。後円部は竹林となっていて、墳墓の破壊が心配されている。

残骸となったコンクリート製の橋。重機を墳墓部へ入れて、土砂を運び出すために造られた。

19 善右ヱ門山古墳 Zenemonyama Kofun

方墳
Square

世 World Heritage Site

5 世紀前半　墳丘：長さ 28m、高さ 3m
First half-5th century Mound:length 28m, hight 3m

写真・堺市

私有地の中にある古墳だがフェンス越しに見学するのは可能。

　いたすけ古墳に近接することから、いたすけ古墳の陪冢と考えられています。いたすけ古墳にはほかに 5 基の陪冢があったことがわかっていますが、すべて消滅しています。平成 12（2000）年、15（2003）年に行われた調査で墳丘は 2 段に築成されていることがわかりました。また、テラスの部分からは埴輪列が見つかっています。墳丘は老人ホームの敷地内にあり、きれいに手入れされていますが私有地なので墳丘の中には入れません。

It is considered to be a satellite tomb of Itasuke Kofun from being adjacent to it. A research found that the mound was built in two tiers. Rows of haniwa were found on the terrace. Even though it is located inside a private property, you can observe through the fence.

百舌鳥駅
Mozu sta.

中百舌鳥駅
Nakamozu sta.

★

500m

堺市
Sakai City

堺市北区百舌鳥本町
JR 阪和線「百舌鳥」駅
南西へ徒歩 15 分

万代山古墳 Mozuyama Kofun

前方後円墳
'keyhole-shaped'
tumulus

不明　墳丘：長さ 25m、高さ 4.3m
Unknown Mound:length 25m, hight 4.3m

写真：堺市

私有地にあるので、道路からちらりとしかその姿を見ることができない。

　御廟山古墳（→ P90）の陪冢と考えられています。現在は宗教団体の敷地の中にあるので、無断での立ち入りは厳禁です。道路から墳丘を遠くに見るしかありません。もともとは前方後円墳であったとされますが、戦後すぐに撮られた航空写真を見ても、現在と変わらずいびつな形の円墳のように見えます。発掘調査が行われていないので、真偽のほどはわかりませんが、江戸時代の記録を見ると、墳丘は 2 段で後方部は北側を向いていたようです。

It is considered to be a satellite tomb of Gobyoyama Kofun. This kofun is inside a private property and you must observe it from surrounding road. It used to be a keyhole-shaped kofun with two-tiered mound.

百舌鳥駅
Mozu sta.

中百舌鳥駅
Nakamozu sta.

500m

堺市
Sakai City

堺市北区百舌鳥赤畑町
JR 阪和線「百舌鳥」駅
南西へ徒歩 10 分

89

20 御廟山古墳 Gobyoyama Kofun

World Heritage Site

5世紀前半　墳丘：長さ 203m、高さ 18.3m（後円部）
First half-5th century Mound:length 203m, hight 18.3m（round part）

写真：堺市

長さ日本第35位の巨大前方後円墳です。濠は現在は1重ですが築造当時は2重だったことがわかっています。宮内庁が陵墓参考地として管理をしています。被葬者の候補として応神天皇があげられていますが拝所はありません。

This huge keyhole-shaped kofun is the 35th longest kofun in Japan. Currently, it is only surrounded by a single moat but it had a double moat at the time of construction. The Imperial Household Agency maintains it as a possible Ryobo (Imperial tomb). While Emperor Ojin is one of possible buried persons, there is no place of worship.

万代山古墳 →P89
Mozuyama Kofun

百舌鳥駅　　中百舌鳥駅
Mozu sta.　Nakamozu sta.

★

500m　　　堺市
　　　　　Sakai City

堺市北区百舌鳥本町
JR阪和線「百舌鳥」駅
南東へ徒歩4分

20 御廟山古墳
Gobyoyama Kofun

少なくとも江戸時代から農業用水の溜池として周
濠は利用されていた。そのため周濠の拡張工事が
行われたことが発掘調査によりわかっている。現
在の印象も満々と水を溜めた池に浮かぶ島のよう
である。

南側の一部を除き、古墳の周りに沿って歩くこと
ができる。周濠の幅が広く、また深さもあるようで、
水草のたぐいが水面からは見えない。墳墓は遠く
にしか見ることができないが、水面に映る墳墓の
姿は美しい。また、周濠の北側には桜並木があり、
春になるとピンクや白の花々が古墳を彩る。

レーザー測量図　Laser survey map

細長くてスマートな姿をしている。後円部頂上と前方部
の隅に膨らみがあるのが興味深い。造り出しは後円部を
上とすると右側にある。

御廟表塚古墳 Gobyo-omotezuka Kofun

前方後円墳
'keyhole-shaped'
tumulus

5世紀後半 全長：84.8m、高さ 8m（後円部）
Second half-5th century Mound:length 84.8m, hight 8m（round part）

どこか荒れた印象がある。訪れる人が少ないからなのか。

　綺麗な円を描く円墳のように見えますが
じつは前方後円墳です。西側に前方部が突
き出していました。後円部は2段になって
いて円筒埴輪列も見つかっています。周濠
もあり、現在一部が残っています。平成
20（2008）年度の地中レーダーを使った調
査では、後円部の中央に埋葬施設が存在す
る可能性が指摘されています。百舌鳥古墳
群では珍しく登れる古墳なので、訪れた際
にはぜひ登頂をお勧めします。墳丘には葺
石を見ることができます。

The round rear part has two tiers where rows of cylindrical
haniwa were found. There used to be a surrounding
moat, part of which still remains. The research using
underground radar in 2008 found that there is a possibility
of burial facility in the center of the round part. As this
kofun is allowed to climb up, unlike the other kofun of
Mozu Kofun Group, reaching to the top is recommended
when visiting.

百舌鳥駅
Mozu sta.
中百舌鳥駅
Nakamozu sta.
★
500m
堺市
Sakai City

堺市北区中百舌鳥町
南海高野線「中百舌鳥」駅・
大阪メトロ御堂筋線「なか
もず」駅 西へ徒歩10分

定の山古墳 Jonoyama Kofun

帆立貝形墳
Scallop-shaped

不明　墳丘：長さ 69m、高さ 7m
Unknown Mound:length 69m, hight 7m

まるで公園の築山のような古墳。そして実際にここは城の山公園という名の公園である。

　前方部は削り取られて存在しませんが前方部を西に突き出した帆立貝形古墳であることがわかっています。公園として整備する際に発掘調査が行われ、葺石と埴輪列が見つかっています。また、前方部には埋葬施設があったのではないかとの説もあります。公園として整備されているので気軽に古墳に登れるようになっています。古墳と近隣住民との関係性において、このように古墳を公園として整備するやり方は好ましいのではないかと思わせる古墳です。

This kofun looks like a miniature mountain in a park. And it is actually a park called Shironoyama Park. An excavation made at the construction of the park found fuki-ishi and rows of haniwa. Also, some say there might have been burial facility in the square front part. Since the park was constructed, anyone can climb up the kofun freely.

百舌鳥駅
Mozu sta.

中百舌鳥駅
Nakamozu sta.

★

500m

堺市
Sakai City

堺市北区百舌鳥梅町
南海高野線「中百舌鳥」駅・大阪メトロ御堂筋線「なかもず」駅　南西へ徒歩 10 分

文珠塚古墳 Monjuzuka Kofun

前方後円墳
'keyhole-shaped' tumulus

5世紀　墳丘：長さ 59.1m、高さ 5m（後円部）
5th century Mound:length 59.1m, hight 5m（round part）

古墳の周囲に柵がある。しかし柵の中の古墳には人が入っていた気配が濃厚に残る。

　墳丘はかなり崩れてはいますが、2つのピークは確認できます。墳丘からは埴輪が見つかっていますが、埋葬施設の有無はわからず、副葬品などは出土していません。文珠塚古墳は羽曳野丘陵のなかでも一段高くなったところに位置するので、ここに自転車で訪れるときは何度も急な坂を登ることになります。周囲に近接する古墳もないことから、この古墳だけを目ざして坂道を登ることになります。到達難度は高い古墳だといえましょう。

This keyhole-shaped kofun is 59.1 meters in length. While the mound has been out of its shape, two peaks still can be seen. Haniwa were found from the mound. As Monjuzuka Kofun is located on the higher land among Habikino Hills, you have to repeatedly pedal up steep slopes when you come on a bicycle.

堺市西区上野芝向ヶ丘町
JR 阪和線「上野芝」駅
南東に徒歩 10 分

95

21 ニサンザイ古墳 Nisanzai Kofun

東百舌鳥陵墓参考地
土師(はぜ)ニサンザイ古墳

世 **World Heritage Site**

前方後円墳
'keyhole-shaped' tumulus

5世紀後半　墳丘：長さ300m、高さ：24.6ｍ（後円部）
Second half- 5th century Mound: length 300m, hight 24.6m（round part）

写真：堺市

全国第7位の長さを誇る巨大前方後円墳です。見た目も美しく、この古墳がもっとも美しいとする意見をよく見聞きします。前方部の先の土地が低く、堤で土地をかさ上げして、周濠に張られた水を支えています。美しさと力強さを同時に見せる古墳です。

This gigantic keyhole-shaped kofun is the 7th longest kofun in Japan. From its elegant appearance, many people say that this kofun is the most beautiful. For the low land level of the square front part, the bank was raised to support the water of the moat. You can experience both the beauty and vigor of this kofun at the same time.

百舌鳥駅
Mozu sta.

中百舌鳥駅
Nakamozu sta.

堺市
Sakai City

500m ★

堺市北区百舌鳥西之町
南海高野線・大阪メトロ御
堂筋線「なかもず」駅
南西へ徒歩20分

21 ニサンザイ古墳

前方部のすぐ脇にある周回道路。周濠に面して建つ住宅地部分以外は古墳を脇に見ながら歩ける。

陵が訛ってニサンザイとなったとされます。「みささぎ」とは天皇の墓にしか使われない語句なので、じつは天皇陵なのではないかという説が古くからあります。実際に現在でも宮内庁が反正天皇陵の候補としてあげていて、宮内庁が管理しています。昭和51（1976）年の発掘調査で、周濠のさらに外側に濠があることがわかりました。つまり2重の濠をもっていたのです。しかしこの古墳でもその他の古墳同様2重目は埋め立てられてしまっています。このような規模をもつ古墳なので大王級の墳墓であることは間違いないのではと考えられています。近年濠の中から橋の遺構が発見され注目を集めています。

御陵山公園

前方部の奥は御陵山公園と名づけられた公園になっている。埴輪に模した遊具などもあり、近隣住民の憩いの場となっている。ここもまた古墳と近隣住民のいい関係を見ることができ心穏やかになる。

It has been said from old times that this actually might be an Imperial Tomb. In fact, the Imperial Household Agency considers it as a possible tomb of Emperor Hanzei and maintains as an Imperial Tomb. The excavation conducted in 197 found that there is another moat outside the existing moat. That is, the kofun used to have a double moat. Remains of bridge was found from the moat recently, which is attracting a lot of attention.

墳丘へとかかる橋。明治42（1909）年に墳丘部分が陵墓参考地となった。その頃に造られたのだろうか。

平成25（2013）年の調査で発見された柱を立てた穴。周濠を渡る橋だったのではないかと考えられている。

ノーザー測量図　Laser survey map

外観の美しさ同様、墳丘の状態もまた美しさを保っている。造り出しは後円部を上として左側に大きく突き出しているが反対側にもその痕跡がある。コンクリート製の橋と墳墓が接続するところに人が行き来した名残がある。またテラスの2段目にもその痕跡がある。

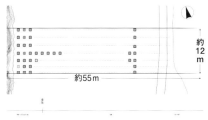

約12m

約55m

柱の位置を色で示した。橋は恒常的なものではなく、墳丘で祭祀が終わるまで使われ、使用後抜き取られたのではないかとされる。

ドンチャ山古墳 Donchayama Kofun

円墳
Round

6世紀前半　墳丘：直径26m、高さ3m
First half-6th century Mound:diameter 26m, hight 3m

ネーミングのインパクトは古墳群随一だが、その由来はわからず。

　陵南中央公園とよばれる住宅街の中にある公園に正楽寺山古墳とともにあります。形は円墳で2段に築成されたことがわかっています。また、濠とみられる浅いくぼみも見つかりました。埋葬施設、葺石や埴輪列などは確認できていませんが、古墳時代末期の墳墓であると考えられています。

　墳墓は巨大さやその威容で周囲を圧倒する時代は終わり、再び質素で規模も小さくなっていく時代を感じさせる古墳です。

This kofun is located in Ryonan-chuou Park in a residential area, along with Shorakujiyama Kofun. Its shape is round and was built in two tiers. Fuki-ishi or rows of haniwa have not been found and it is believed that this tomb was constructed in the late Kofun Period.

堺市北区百舌鳥陵南町
南海高野線「中百舌鳥」駅・
大阪メトロ御堂筋線「なかもず」駅　南西へ徒歩25分

百舌鳥駅
Mozu sta.

中百舌鳥駅
Nakamozu sta.

堺市
Sakai City

500m

正楽寺山古墳 Shorakujiyama Kofun

円墳
Round

6世紀前半　墳丘：直径 15m、高さ 2m
First half-6th century Mound:diameter 15m, hight 2m

石碑がないとただの公園の小山にしか見えない。

　ドンチャ山古墳と並ぶように築造された円墳です。平成 21（2009）年の調査で、埋葬施設が残されている可能性があることがわかりました。さらに幅 3.4m の濠が巡っていたこともわかっています。出土した須恵器の状態からドンチャ山古墳と同じく、古墳時代後期の 6 世紀前半にできた古墳だと考えられています。ドンチャ山古墳と同様、公園の中に柵もなく存在する古墳なので、自由に登れる貴重な古墳なのですが、登ってみたくなるほどの高さはありません。

The research in 2009 found that there is a possibility of burial facility left. Also it used to have a 3.4 meter-wide moat. From the condition of the unearthed Sue ware, it is considered to be a kofun built in the late Kofun Period, the early 6th century.

堺市北区百舌鳥陵南町
南海高野線「中百舌鳥」駅・大阪メトロ御堂筋線「なかもず」駅　南西へ徒歩 25 分

百舌鳥〜古市間の古墳

English

百舌鳥古墳群と古市古墳群はおよそ 8km ほど離れています。築造年代的な隔たりはなく、同時期にこの 2 つのエリアに古墳が築造されました。しかし、このどちらにも所属しない古墳もあるのです。河内大塚山古墳はその代表的な存在。全長 335m を誇る全国第 5 位の大きさです。また、場所はやや離れますが大阪平野の北の端、高槻市や茨木市には今城塚古墳（→ P104）や太田茶臼山古墳があります。どちらも応神天皇を祖とする一族に深くかかわる人物が埋葬されていると考えられています。

古墳が築造された場所は 2 つの古墳群とは離れていても、やはり台地を選んで築いた。

写真：松原市

一津屋古墳

大阪府松原市にある一津屋古墳。墳墓の直径は 36m で円墳。しかし築造当時は前方後円墳だったという説もある。戦国末期に三好氏がここに城を築いた。しかしやがて織田信長の軍勢に敗れ、この地に再び静寂が戻った。現在、墳墓の上に厳島神社が築かれている。墳丘全体が神社の敷地となっている。

河内大塚山古墳

写真：松原市

大阪府松原市と羽曳野市に属する巨大墳。その巨大さゆえに大正時代に陵墓参考地となったが、昭和のごく初期まで前方部に人が住んでいた。古墳時代後期の築造とされ、未完成墳であるとも。

明治20（1887）年発行の地図には西大塚村（松原市）と東大塚村（羽曳野市）の表記がある。墳丘に橋をかけて人々は行き来していた。後円部には天満宮が祀られていたという。

出典：国土地理院『2万迅速図・仮製図』「金田村」

数値地図5mメッシュ（標高）で大塚山古墳を見ると、前方部は平らになっている。未完成墳という説があるのもうなずける。

黒姫山古墳

写真：堺市

M・Cみはら（堺市立みはら歴史博物館）。黒姫山古墳から出土した遺物を展示している。
大阪府堺市美原区黒山281

堺市にある全長114mの前方後円墳。昭和22（1947）年ころに発掘調査が行われ、前方部から大量の武具などが見つかった。

今城塚古墳 Imashirozuka Kofun

前方後円墳
'keyhole-shaped'
tumulus

6世紀前半　墳丘：全長約190m、高さ12m
First half-6th century Mound:length 190m, hight 12m

写真：高槻市

高槻市立今城塚古代歴史館

史跡今城塚古墳に隣接する博物館。今城塚古墳から出土した埴輪などを展示。発掘調査により明らかになった古墳をつくる過程をジオラマなどを使って解説。

住所：大阪府高槻市郡家新町 48-8
電話番号：072-682-0820
休館日：要問い合わせ

高槻市
Takatsuki City
高槻駅
Takatsuki sta.

★

高槻市駅
Takatsukishi sta.

摂津富田駅
Settsu-Tonda sta.

富田駅
Tonda sta.

1000m

大阪府高槻市郡家新町
市営バス「今城塚古墳前」
バス停下車すぐ

To the north of Mozu-Furuichi Kofun Group, there is Imashirozuka Kofun in Takatsuki City of Osaka Prefecture. The mound length is about 190 meters. Imashirozuka kofun is undoubtedly large-scale, given the fact that this kofun is larger than Hanzei-tenno-ryo Kofun (148 m) and smaller than Hakuchoryo Kofun (200 m) compared to the kofun of Mozu-Furuichi Kofun Group. What makes Imashirozuka Kofun remarkable is, however, the person buried there rather than its size. As the excavation has progressed, it is surprisingly argued whether it is the Imperial Tomb of the 26th emperor, Emperor Keitai. Emperor Keitai is a descendant of Wakanuke-Hutamata-no-Miko who is a younger brother of Emperor Nintoku. The present Emperor is also a descendant of Wakanuke-Hutamata-no-Miko. Because the posterity of Emperor Nintoku had died out and Emperor Keitai succeeded to the Throne instead. It is a quite interesting theory that his tomb is located in the north end of Osaka Plain. Close by that kofun, there is Oda-chausuyama Kofun (Ibaraki City) that is also considered as the tomb of Emperor Keitai by the Imperial Household Agency.

　百舌鳥・古市古墳群の北方に位置する大阪府高槻市に今城塚古墳があります。墳丘の長さは約190m。百舌鳥・古市古墳群でいうと反正天皇陵古墳（148m）より大きく、白鳥陵古墳（200m）より小さいという規模で、紛れもなく大型古墳であるといえます。しかし、この今城塚古墳はその大きさよりも、埋葬されたと推測される人物が大注目なのです。発掘調査が進み、なんと第26代継体天皇の陵墓なのではないかと論じられています。百舌鳥・古市古墳群は仁徳天皇の子孫たちの墳墓が多く含まれています。継体天皇は仁徳天皇の弟である稚野毛二派皇子の血を引く天皇。現在の天皇も稚野毛二派皇子の子孫です。仁徳天皇の子孫は後継者が絶えてしまい、その代わりに皇統を継いだ継体天皇。その陵墓が大阪平野の北の端にあるという説は、とても興味深いところです。また、宮内庁が継体天皇陵とする太田茶臼山古墳もすぐそば（茨木市）にあります。

写真：高槻市

古市古墳群 Furuichi Tombs

古墳群を6つのエリアに分けました。おおよそ1日で見て回れるように区切り、また世界遺産に指定された墳墓がエリアに1つは入るようにしました。もちろんこのエリア分けに従って探訪するのではなく、自由に探訪していただいてOKです。あくまで便宜上分けたとお考えください。

津堂城山古墳エリア → P208
Tsudo-shiroyama Kofun Area

南陵の森総合センター

藤井寺市

高鷲駅
Takawashi sta.

藤井寺駅
Fujiidera sta.

ゆめぷらさ

仲哀天皇陵古墳エリア → P192
Chuai-tenno-ryo Kofun Area

世界遺産の古墳

22		津堂城山古墳 つどうじろやまこふん
23		仲哀天皇陵古墳 ちゅうあいてんのうりょうこふん
		（岡ミンザイ古墳）
24		鉢塚古墳 はちづかこふん
25		允恭天皇陵古墳 いんぎょうてんのうりょうこふん
		（市野山古墳）
26		仲姫命陵古墳 なかつひめのみことりょうこふん
		（仲津山古墳）
27		鍋塚古墳 なべづかこふん
28		助太山古墳 すけたやまこふん
29		中山塚古墳 なかやまづかこふん
30		八島塚古墳 やしまづかこふん
31		古室山古墳 こむろやまこふん
32		大鳥塚古墳 おおとりづかこふん

33	33-1	応神天皇陵古墳 おうじんてんのうりょうこふん
		（誉田御廟山古墳） こんだごびょうやまこふん
	33-2	誉田丸山古墳 こんだまるやまこふん
	33-3	二ツ塚古墳 ふたつづかこふん
34		東馬塚古墳 ひがしうまづかこふん
35		栗塚古墳 くりづかこふん
36		東山古墳 ひがしやまこふん
37		はざみ山古墳 やまこふん
38		墓山古墳 はかやまこふん
39		野中古墳 のなかこふん
40		向墓山古墳 こうはかやまこふん
41		西馬塚古墳 にしうまづかこふん
42		浄元寺山古墳 じょうがんじやまこふん
43		青山古墳 あおやまこふん
44		峯ヶ塚古墳 みねがづかこふん
45		白鳥陵古墳 はくちょうりょうこふん

アイセ
シュラ

500m 500m

白鳥陵古墳エリア → P108
Hakuchoryo Kofun Area

LIC はびき

時とみどりの交流館

大和川
やまと

柏原南口駅
Kashiwara-minamiguchi sta.

仲姫命陵古墳エリア → P158
Nakatsuhime-no-mikoto-ryo Kofun Area

藤井寺 IC

藤井寺図書館

長尾街道
ながお

世界遺産の古墳

それ以外の古墳

土師ノ里駅駐輪場

土師ノ里駅
Hajinosato sta.

東高野街道
ひがしこうや

道明寺駅
Domyoji sta.

茶山グラウンド管理棟

応神天皇陵古墳エリア → P138
Ojin-tenno-ryo Kofun Area

墓山古墳エリア → P178
Hakayama Kofun Area

古市駅
Furuichi sta.

古市駅前駐輪場

竹内街道
たけのうち

107

白鳥陵古墳エリア

白鳥陵古墳を中心とするエリアです。このエリアには古墳時代後期の安閑天皇陵、清寧天皇陵が含まれます。前方後円墳の最終形を見ることができます。峯ヶ塚古墳は周囲の整備を ICOMOS（世界遺産を認定する組織）から指導を受けた古墳です。美観をそこねず公園化されつつあるので、ここで一息いれるのもいいでしょう。また白鳥陵の北岸一帯は竹内街道沿いの市街地。趣のある民家が建ち並んでいるので枯れた雰囲気を味わえます。

Hakuchoryo Area

This area is centered on Hakuchoryo Kofun. The area includes Ankan-tenno-ryo Kofun and Seinei-tenno-ryo Kofun constructed in the end of Kofun Period. You can observe the final form of keyhole-shaped kofun here. Minegazuka Kofun has been requested to enlarge the buffer zone by ICOMOS (International Council on Monuments and Sites: an organization that designates World Heritage Site). As the construction of a park is in progress without damaging its appearance, it is great to take a break here. On the north side of Hakuchoryo Kofun, a city area stretches along the oldest recorded road in Japan, Takenouchi Kaido. Rows of tasteful houses on the road provide the antique atmosphere.

散策ガイド

近鉄南大阪線古市駅を起点として、世界遺産の白鳥陵古墳と峯ヶ塚古墳を見て回るのがお手軽なコースでしょう。途中に清寧天皇陵があるのでそこに立ち寄るのもいいでしょう。このエリアはアップダウンの激しい場所なので、安閑天皇陵や来目皇子埴生崗上墓まで足を伸ばす場合は、電動アシストつきレンタル自転車がお勧めです。

仲哀天皇陵古墳→P1

割塚古墳→ P199

仲哀天皇陵古墳エリア → P19

Chuai-tenno-ryo Kofun Area

稲荷塚古墳→P20

野々上古墳→ P205

仁賢天皇陵古墳→ P200

LIC はびきの

44 峯ヶ塚古墳 →P122
Minegazuka Kofun

時とみどりの交流館

小口山古墳 → P123
Koguchiyama Kofun

来目皇子埴生崗上墓 → P134
Kumenomiko hanyuno-okano-enohaka

Walking guide

From Furuichi Station on the Kintetsu Railway Miami-Osaka Line, walking around two World Heritage Sites, Hakuchoryo Kofun and Minegazuka Kofun, might be the easiest way. You can also visit Seinei-tenno-ryo Kofun on the way. As there are many ups and downs in the area, you may want to rent a bicycle when visiting as far as Ankan-tenno-ryo Kofun or Kumenomiko-hanyuno-okano-enohaka. A motor-assisted bicycle is recommended.

500m

蕃所山古墳→P156

応神天皇陵古墳→P140

二ツ塚古墳→P145

東馬塚古墳→P150

茶山グラウンド
管理棟

栗塚古墳→P151

はざみ山古墳→P186

東山古墳→P154

応神天皇陵古墳エリア → P138
Ojin-tenno-ryo Kofun Area

野中宮山古墳→P188

野中古墳→P190

墓山古墳→P180

墓山古墳エリア → P178
Hakayama Kofun Area

青山古墳→P184

向墓山古墳→P182

ひがしこうや
東高野街道

浄元寺山古墳→P185

西馬塚古墳→P183

古市駅
Furuichi Sta.

古市駅前駐輪場

たけのうち
竹内街道

近鉄南大阪線
Minami Osaka Line

45 **白鳥陵古墳** → P110
Hakuchoryo Kofun

安閑天皇陵古墳 → P124
Ankan-tenno-ryo Kofun

清寧天皇陵古墳 → P130
Seinei-tenno-ryo Kofun

春日山田皇女陵古墳 → P128
Kasuganoyamadanohimemiko-ryo Kofun

45 白鳥陵古墳 Hakuchoryo Kofun：
the Mausoleum of Prince Yamato Takeru

<ruby>日本武尊白鳥<rt>やまとたけるのみことしらとりのみささぎ</rt></ruby> 陵
<ruby>軽里大塚古墳<rt>かるさとおおつかこふん</rt></ruby>／<ruby>前の山古墳<rt>まえやま</rt></ruby>

 World Heritage Site

前方後円墳
`keyhole-shaped`
tumulus

5世紀後半　墳丘：長さ 200m、高さ 23.3m（前方部）
Second half- 5th century Mound: length 200m, hight 23.3m(square part)

44 峯ヶ塚古墳 →P122
Minegazuka Kofun

清寧天皇陵古墳 →P130
Seinei-tenno-ryo Kofun

拝所
Place of worship

写真：羽曳野市

古市古墳群
Furuichi Tombs

『日本書紀』や『古事記』に記されている英雄、日本武尊の墓と伝わる古墳です。3段に築かれ、平坦部には隙間なく円筒埴輪が並べられていました。前方部の最大幅が後円部の直径よりも広く、デザイン的には古墳時代後期の様式です。

This kofun is believed to be the tomb of the hero described in Nihon-Shoki (The Chronicles of Japan) and Kojiki (the Record of Ancient Matters), Prince Yamato-Takeru. It was designed in the style of the end of Kofun Period, the maximum width of the square front is wider than the diameter of the round rear part.

仁賢天皇陵古墳 → P200
Ninken-tenno-ryo Kofun

43 青山古墳 → P184
Aoyama Kofun

45 白鳥陵古墳
Hakuchoryo Kofun

500m

羽曳野市
Habikino City

★ 古市駅
Furuichi sta.

羽曳野市軽里
近鉄南大阪線「古市」駅
南西へ徒歩 12 分

111

濠の際まで民家が建ち並んでいます。

第12代景行天皇の皇子、日本武尊の墓とされています。日本武尊は父、景行天皇の命を受けて九州を平定し、さらに東北の平定まで成し遂げたと歴史書にある人物で、大和政権初期の英雄として有名です。東北遠征に成功して帰路の途中、日本武尊は命を落とします。そして伊勢国（三重県亀山市）の能褒野墓に埋葬されますが、そこで白鳥に姿を変え、大和の琴弾原（奈良県御所市）で羽を休めます。ここにもうひとつの白鳥陵が築かれます。さらに白鳥は山を越えて河内の旧市邑（大阪府羽曳野市）で再び羽を休めます。そしてそこに築かれたのが世界遺産に登録された白鳥陵古墳なのです。白鳥陵古墳という美しい名はこの故事に則って名づけられました。

This is considered to be the tomb of Yamato-Takeru-no-Mikoto, a son of the 12th Emperor Keiko. Yamato-Takeru is famous as the hero of the early Yamato Dynasty, as described in history books that he suppressed Kyushu region, and later Tohoku region too, by the order from Emperor Keiko. On the way back home after succeeding the expedition to Tohoku, he lost his life. He was buried in Nobono-nohaka in Kameyama City of Mie Prefecture. Then it is said that he transformed to a swan to rest his wings in Gose City in Nara where another Hakuchoryo kofun was constructed. The swan flew over the mountains and again rested his wings in Habikino City in Osaka. The kofun constructed there is Hakuchoryo Kofun that was inscribed as World Heritage Site. Its beautiful name is derived from this legend.

拝所に続く道

民家の間を縫って拝所までの道は続く。拝所周辺は美観を整えられており、希代の英雄の墓にふさわしい雰囲気を醸し出している。

白鳥陵古墳の北側にある道は竹内街道。昔からここを往来した人は白鳥陵古墳の威容に驚嘆したことだろう。

レーザー測量図　Laser survey map

美しい姿を保っている。前方部が墳墓の端に向かって高
くなっており、立体的な姿を見せている。造り出しは左右
ともにあったようだ。

白鳥陵三陵

能褒野墓
（三重県亀山市）

白鳥陵
（大阪府羽曳野市）

白鳥陵（奈良県御所市）

亡くなった三重県亀山市、白鳥となり最初に羽を
休めた奈良県御所市、さらに大阪府羽曳野市。3
箇所に日本武尊の御陵があり「白鳥三陵」とよば
れている。

宮内庁立札

Imperial Household Agency Sign board

日本武尊 12代景行天皇の皇子

English

皇居：纏向日代宮（奈良県桜井市）
生没：生誕年不明〜景行天皇43年（西暦113）　日本書紀には30歳で没すとあり
父：景行天皇／**母**：播磨稲日大郎姫／**妃**：両道入姫皇女など
子女：仲哀天皇（P196）ほか多数

朝廷の権力を拡大

　日本武尊はヤマトタケルとして有名な皇子で、大和朝廷の力を武力をもって日本中に示しました。父（景行天皇）の命令でまず九州を平定し、それに成功すると今度は東北を平定しました。古代日本史における最初の英雄と言っていいでしょう。

　大活躍をした日本武尊（以下ヤマトタケル）は天皇として即位することなく、大和に帰る途中で亡くなってしまいます。しかし『日本書紀』などの歴史書には亡くなったことを「崩れる」と書いているところを見ると、天皇に準じる扱いであったことがわかります。

　それもそのはず。ヤマトタケルの子孫が天皇になっていくのです（→P16）。

双子の兄を素手で殺す

　『古事記』にはこうあります。ヤマトタケルの双子の兄弟、大碓命が父（景行天皇）の命令に従わなかったことをごまかし、家に引きこもっていました。そこで父はヤマトタケルにようすを見にいかせます。ヤマトタケルは、兄が父の命に従っていなかったことを知り、素手で兄を殺してしまいます。この事件を知った父は恐怖を覚えるのです。

事実上の大和追放

　双子の兄を素手で殺したことに父（景行天皇）は恐れたのでしょう。ヤマトタケルに西国を大和朝廷の配下におさめるよう命じます。ヤマトタケルは時に謀略を用いつつ、武力をもって現在の鹿児島県に至るまで平定し大和に帰ってきます。景行天皇は戻ったヤマトタケルに今度は東国討伐を命じます。ヤマトタケルはその非情ともいえる命令を受け入れ、当時最果ての地であった宮城県南部あたりまで朝廷の支配下におくのに成功しました。

竹水門
伊吹山
熱田
能褒野
焼津
穴海
大和
伊勢神宮
始良
鹿父

『日本書紀』にある日本武尊が辿ったルート。大和へ帰還する直前、能褒野（三重県亀山市あたり）で果てる。

三種の神器「草薙剣」

　天皇家に伝わる三種の神器のひとつ、「草薙剣」をヤマトタケルは使用しています。その剣は強力な力を宿していたといいます。東国遠征を成功させ故郷の大和に到着する寸前でヤマトタケルは草薙剣を持たずに伊吹山に住む神に戦いを挑んで痛手を被り、能褒野で亡くなってしまいます。死亡したヤマトタケルは白鳥となって飛び去ったと歴史書は伝えています。

マンガで読むヤマトタケルの物語
『武勇ゆえに父から遠ざけられた英雄』

English

皇太子様！

西暦 113 年

西国に続き東国遠征を成功させたヤマトタケルは、父・景行天皇がいる大和（現：奈良県）に戻るため、尾張（現：愛知県稲沢市）を進んでいました

助けてください
次期天皇様！

伊吹山の神が
荒れていて…

次期天皇様…！

違う…

父様は僕を天皇に
指名していない…

…わかった

ここで
待っていなさい

それに
僕が無事に帰ったところで
どうせ父様は喜ばない…

ヤマトタケルは、なぜか
宝具・草薙剣を置いて
山の神退治に出かけました

マンガで読むヤマトタケルの物語
『武勇ゆえに父から遠ざけられた英雄』

白鳥陵古墳

その姿はまるで羽を休める白鳥のよう。

Hakuchoryo Kofun
It looks just like a swan resting the wings.

44 峯ヶ塚古墳 Minegazuka Kofun

World Heritage Site

5世紀後半　墳丘：長さ96m、高さ10m（前方部）
Second half- 5th century Mound: length 96m, hight 10m(square part)

一帯は古墳を含む公園として整備されつつある。

築造時は2重の周濠を持つ前方後円墳でした。後円部には石室があり、そこに阿蘇（熊本県）から運んだ石でできた石棺が収められています。石室の内部からは多くの副葬品が出土しました。一見地味な古墳ですが、豪華絢爛な副葬品を収めた古墳です。

It used to be a keyhole-shaped kofun with a double moat at the time of construction. There is a stone chamber in the round rear part that contains a coffin made of the stone brought from Aso (Kumamoto Prefecture). Various ornaments were unearthed from the chamber. Although it looks a plain kofun, in fact, it contains luxurious grave goods.

ガラス玉でできた装飾具。

銀と金銅でできた花形飾り。

魚佩とよばれる腰から下げる装飾品。金銅製。

羽曳野市教育委員会提供

羽曳野市軽里
近鉄南大阪線「古市」駅
西に徒歩15分

古市古墳群 Furuichi Tombs

122

小口山古墳 Koguchiyama Kofun

門墳
Round

7世紀後半　墳丘：直径30m
Second half- 7th century Mound: diameter 30m

ぽっかりと石棺の開口部が見える。

　明治45（1912）年に偶然発見された古墳です。丘陵地を開墾しようとしたときに発見されました。横口式石槨を備えます。石槨はひとつの大きな凝灰岩をくりぬいて造られています。石槨の内部を調査した結果、土器と骨のかけらが出土しました。もともとは石でふたをされていましたが、現状ではふたはなく、石槨の中までのぞくことができますが暗くてよく見えません。スマートフォンで照らすかフラッシュを使って撮影すると内部の状態が確認できます。

This kofun was accidentally found in 1912 when the hills were being reclaimed. It has a stone chamber with side entrance. Its stone coffin is made by hollowing out a single large tuff. The research of the chamber found earthenware and fragments of bones. The dim interior cannot be seen clearly. To observe the inside of the chamber, you should use a smartphone or take a picture with a camera with a flashlight .

羽曳野市軽里
近鉄南大阪線「古市」駅
西に徒歩20分

123

安閑天皇陵古墳 Ankan-tenno-ryo Kofun：the Mausoleum of Emperor Ankan

ふるちのたかやのおかのみささぎ
古市高屋丘陵
たか や つきやま こ ふん　たか や しろやま こ ふん
高屋築山古墳／高屋城山古墳

6世紀前半　墳丘：長さ122m、高さ13m（後円部）
First half-6th century Mound:length 122m, hight 13m（round part）

前方後円墳
`keyhole-shaped` tumulus

春日山田皇女陵古墳 → P128
Kasuganoyamadanohimemiko-ryo Kofun

安閑天皇陵古墳
Ankan-tenno-ryo Kofun

羽曳野市

后の春日山田皇女の陵と隣り合うようにしてある。

第27代安閑天皇の陵墓とされています。古墳時代末期に築造されましたが、室町時代に畠山氏の居城、高屋城として改修されてしまったので、墳丘の形はほぼ原形をとどめていません。畠山氏は墳丘に本丸を築きました。

戦国の時代は終わり、江戸時代末期の文久（1861-1864）の頃、幕府はこの古墳を安閑天皇の陵として整備をしました。現在残された姿はこの時に整備された状態です。外観は一見その他の天皇陵のようですが、整備は周濠や外堤などにとどめられ、墳丘の姿は城郭であった名残を強く残しています。

This is considered to be the tomb of the 27th emperor, Emperor Ankan. Built at the end of Kofun Period, it does not retain the original shape of the mound because it was converted into Takaya Castle of Hatakeyama clan in Muromachi Period (1333-1573). The Hatakeyama constructed Honmaru (keep of castle) on the mound. The present mound still retains a trace of a castle, as the restoration was limited to the moats and banks, even though it seemingly looks the same as other Imperial Tombs.

羽曳野市
Habikino City

古市駅
Furuichi sta.

500m

羽曳野市古市
近鉄南大阪線「古市」駅 南へ徒歩10分

城として使われた過去を持つ

北
安閑天皇陵古墳
春日山田皇女陵

出典：国土地理院

昭和23（1948）年に米軍により撮影された航空写真を見ると、高屋城であった範囲がよくわかります。周囲に堀を巡らせた立派な城塞でした。安閑天皇の皇后の墓、春日山田皇女陵もまた城塞内に組み込まれています。

一帯は高台となっており、城塞を築くのに適した地形でした。この地形を利用するのであれば、安閑天皇陵古墳に本丸を置いたのは納得です。

北

レーザー測量図　Laser survey map
築造時の姿を類推するのも難しいほど改築されている。城郭だったころは北側の平坦(へいたん)な場所に、物見櫓(やぐら)を築いたのか。北面には連絡用の通路はない。

宮内庁立札
Imperial Household Agency Sign board

御陵印　Imperial tomb stamp

安閑天皇
古市高
屋丘陵

125

安閑天皇 27代天皇

皇居：勾金橋宮（奈良県橿原市）
在位期間：継体天皇25年（西暦531）2月7日〜安閑天皇2年（535）12月17日
先代：継体天皇／**次代**：宣化天皇
父：継体天皇／**母**：尾張目子媛／**皇后**：春日山田皇女ほか
子女：なし

English

継体天皇の長子

　百舌鳥・古市古墳群にある天皇陵のほとんどは仁徳天皇の子孫ですが、安閑天皇は仁徳天皇を直接の先祖としません。安閑天皇は仁徳天皇の弟、稚野毛二派皇子の子孫だからです。仁徳天皇系の一族から皇位を引き継いだ継体天皇の長子はやがて安閑天皇となります。しかしその即位はすんなりとはいかなかったようです。継体天皇の死後、2年間空位でしたし、安閑天皇の異母弟、後の欽明天皇がその空位期間に天皇に即位した形跡があるというのです。即位にごたついたようですが、即位後は九州から北関東まで軍備を整えるという実績を残しています。この記述から安閑天皇の時代は動乱の時代であったのではないかと推測されています。

父、継体天皇

　仁徳天皇の子孫は第25代武烈天皇を最後に男子の後継者が途絶えてしまいます。朝廷はそこで仁徳天皇の兄弟の系統を探し、ついに現在の福井県で暮らしていた男大迹王（後の継体天皇）を発見します。継体天皇はすぐに大和朝廷の本拠地であった奈良へは向かわずに大阪府の北部を活動の拠点とします。継体天皇は第24代仁賢天皇の娘、手白香皇女を皇后に迎え自分の系統と仁徳天皇の系統を合体させます。

❶三国（みくに）
❹弟国宮（おとくにのみや）
❷樟葉宮（くすはのみや）
❸筒城宮（つつきのみや）
❺大和（磐余玉穂宮）（いわれのたまほのみや）

1　三国（福井県三国町）で見つかる。
2　樟葉宮（大阪府枚方市）で即位する。
3　筒城宮（京都府京田辺市）に移る。
4　弟国宮（京都府長岡京市）に移る。
5　大和に移る。

武蔵国造の乱

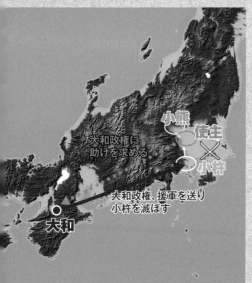

埼玉県行田市にある埼玉古墳群。この辺りが、武蔵国造が本拠地とする場所だったとされる。

　武蔵国造の乱は『日本書記』によれば534年に勃発したとされます。武蔵国造とは武蔵地方の頂点の位。この位をめぐって笠原直使主と同族の小杵は長年争っていました。小杵は上毛野（群馬県）を治める小熊の力を借りて使主一族を滅ぼそうとしました。使主はそれを察知して朝廷に赴き助けを求めました。安閑天皇を頂点とする大和政権は使主の申し入れを受け入れ、小杵を滅ぼしました。使主はその代償として領地の一部を大和朝廷の直轄地として差し出したといいます。

弟、欽明天皇と争った？

　前述のように2年間の空位。そして記紀を補完する歴史書としてとらえられている『上宮聖徳法王帝説』には、継体天皇没後すぐに欽明天皇が即位したとの記述があるのです。つまり空位期間はそもそも存在しなかったと。このような推測の余地のある歴史書の記述によりさまざまな説が提起されています。たしかに安閑・宣化天皇の御代は極端に短く、欽明天皇の御代は長い。歴史書は何かを隠しているのではないかと考えるのも不思議ではありません。

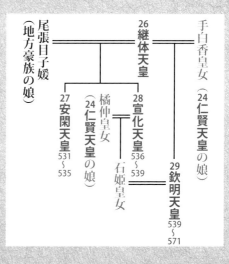

春日山田皇女陵古墳

ふるちのたかやのみささぎ
古市高屋 陵
たか や はちまんやま
高屋八幡山古墳

Kasuganoyamadanohimemiko-ryo Kofun：
the Mausoleum of Empress Kasuganoyamada

6世紀前半　墳丘：長さ85m、高さ不明
First half-6th century Mound:length 85m, hight unknown

古市古墳群
Furuichi Tombs

一見円墳そのものだが、じつは前方後円墳である。

　住宅街の中にポツンとある古墳です。春日山田皇女は安閑天皇の后でした。百舌鳥・古市古墳群において夫婦の墓が近くに存在するのは珍しい例です。ほかには、応神天皇の后の仲姫命の墳墓が仲よく隣り合うくらいです。

　現状では拝所をもつ、こぢんまりとした円墳に見えますがじつは墳丘の長さ約90mの前方後円墳でした。おそらく城塞となったときに大規模に改造されたのでしょう。拝所が宮内庁によりきれいに整えられているのは天皇陵と同じです。

This is the tomb of the empress of Emperor Ankan. Although It looks like a round kofun now, It used to be a keyhole-shaped kofun with the length of 85 meters. It might have been converted when it was used as a fortress.

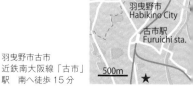

羽曳野市古市
近鉄南大阪線「古市」
駅　南へ徒歩15分

春日山田皇女 27代安閑天皇の皇后

English

皇居：勾金橋宮（奈良県橿原市）
生没：生誕年不明～宣化天皇5年（539）
父：仁賢天皇／母：和珥糠君娘
子女：なし

仁徳天皇系の皇女

　夫の安閑天皇は仁徳天皇の弟、稚野毛二派皇子の系統に属します。仁徳天皇の子孫はつぎつぎに即位していきますが、第25代武烈天皇で後継者が途絶えてしまいます。そこで大和朝廷は仁徳天皇の父親の応神天皇の系統の男子を探して継体天皇とするのですが、継体天皇は朝廷の中枢部の明日香地方一帯に本拠を構えるまでに20年もかかっています。

　継体天皇は仁徳天皇の系統の仁賢天皇の皇女を后とします。さらに自分の息子三人（安閑・宣化・欽明）の后も同様に仁徳系の皇女を迎えます。これが権力闘争があったことの証拠ととらえる人もいます。

有能な人物であったと推察

　安閑天皇が崩御すると弟の宣化天皇が即位します。しかしわずか4年で兄の跡を追うように崩御。次の欽明天皇は即位をいやがり、兄の后であった春日山田皇女にしばらくの間、皇位を継いでもらえないかと提案します。女性天皇のさきがけとなるはずでしたが、春日山田皇女はこれを辞退。これほどまでに頼られる皇女だったのです。

レーザー測量図　Laser survey map
前方後円墳であったことが信じられないほど墳墓は改ざんされている。前方後円墳であったころは周濠もあったことがわかっている。

宮内庁立札
Imperial Household Agency Sign board

清寧天皇陵古墳　Seinei-tenno-ryo Kofun： the Mausoleum of Emperor Seinei

こうちのさかとのはらのみささぎ
河内坂門原陵
しらがやまこふん
白髪山古墳

6世紀前半　墳丘：長さ115m、高さ不明
First half-6th century Mound:length 115m, hight unknown

小白髪山古墳

羽曳野市

しゅうごう
周濠の中にある堤が特徴的。

　古墳時代も終焉期にさしかかり、天皇陵としては墳墓の規模は小さめです。古墳の形も変化していて、後円部に比べて前方部の広がりが大きくなっていて、ズングリムックリな姿をしています。平成15（2003）年の調査で2重目の周濠が確認されました。

はいじょ
　拝所は住宅地の中の細い道路沿いにあります。道路に面して開けているのですぐに拝所までたどりつけます。拝所が整備されたのが比較的最近なのか、時間の経過をあまり感じさせない空間となっています。

ばいちょう
　清寧天皇陵古墳（白髪山古墳）の北に、陪冢と思われる小白髪山古墳があります。古墳の築造時期は同じく6世紀前半です。

This is the tomb of the 22nd emperor, Empero
Seinei. As it is constructed in the end o
Kofun Period, the style had changed into
crushed keyhole shape. The research in 200
found a outer moat. While the mound is on
slope, the difference of water level is adjuste
by building a bank along its moat.

500m

羽曳野市
Habikino City

古市駅
Furuichi sta.

羽曳野市西浦
近鉄南大阪線
「古市」駅　南
西へ徒歩20分

貴墓は傾斜地にあり、周濠は堤防を用いて水位の調整をしている。周濠の周り全体に堤を築くより労力はかかうないやり方。古墳時代の終焉を感じさせる。

宮内庁立札
Imperial Household Agency Sign board

レーザー測量図　Laser survey map

前方部のあたりの標高が高く、後円部にいくほど高度は下がる。古墳築造に惜しみなく労力を使っていた時代ならば、後円部のあたりまで高い堤を築き、水位をかさ上げしたのであろう。しかし、清寧天皇陵は周濠を堤防で仕切って、２つの水位で周濠を維持するというやりかたをとった。

御陵印 Imperial tomb stamp

清寧
天皇河内
坂門原陵

131

清寧天皇 22代天皇

皇居：磐余甕栗宮（奈良県橿原市）
在位期間：清寧天皇元年（西暦480）1月15日～同5年（484）1月16日
先代：雄略天皇（P216） **次代**：顕宗天皇
父：雄略天皇 **母**：葛城韓媛 **皇后**：－
子女：なし

English

アルビノ説が有力

　陵墓の名前が「白髪山古墳」。諱はそのものずばり「白髪」で諡は「白髪武広国押稚日本根子天皇」、別称は「白髪大倭根子命」と、これでもかと髪の白さを強調しています。実際にアルビノであったかどうかはわかりませんが、ここまで白髪を強調されると、どうしても清寧天皇はアルビノだったと推測してしまいます。

　『日本書紀』によると、子のない清寧天皇は、父・雄略天皇（→P216）が殺した伯父の市辺押磐皇子の子供（2人の男子）を皇位に就けます。23代顕宗天皇（弟）と24代仁賢天皇（兄）です。父の暴力的なところは似ず、心優しい天皇だったと思われます。治世期間は短く、5年で崩御されます。

その容姿により皇太子に

　雄略天皇は生まれてきた真っ白い髪の清寧天皇の姿を見て霊異を感じ、この子を次の天皇に指名しました。その容姿により天皇として即位しましたが、清寧天皇は皇后どころか妃を迎えたとの記録もありません。よって当然子供がいません。これは清寧天皇が自分の容姿をどう思っていたのか、について考えるひとつのヒントになるのかもしれません。

星川皇子の乱

父・雄略天皇には星川皇子という男子もいました。清寧天皇とは腹違いの兄弟です。清寧天皇の母は20代安康天皇を暗殺した眉輪王をかくまった罪を問われた葛城円の娘。彼女は贖罪と忠誠の証として雄略天皇に贈られたのでしょう。しかし星川皇子の母の実家は吉備地方（岡山県）の実力者の吉備上道臣の娘でした。

星川皇子は母の実家の権勢を背景にして力をため、増長していったのでしょう。雄略天皇は有力な家臣に「星川皇子は謀反を起こすだろう。それを止めよ」と遺言を残します。予期されていたとおり雄略天皇の死後、星川皇子は謀反を起こします。しかし遺言に従って備えていた軍勢により一族は焼き殺されてしまいます。

岡山県

岡山市にある造山古墳。全国第4位の巨大前方後円墳である。5世紀前半の築造とされる。大和朝廷に匹敵する勢力が岡山一帯に存在したと考えられている。

皇統断絶の危機を救う

清寧天皇の父、雄略天皇は兄の20代安康天皇が暗殺されたことを知り、怒りに身を任せてしまいます。雄略天皇は皇位を狙うだれかが兄を暗殺したのだと考え、自分の兄弟を含む、皇位継承資格のある有力な男子を皆殺しにしてしまいました。ここで仁徳天皇を祖とする仁徳系の系統が細くなってしまうのです。

しかし、雄略天皇が殺した皇子のうちのひとり、市辺押磐皇子（履中天皇の息子）の子が今の播磨の国（兵庫県）に生きていることがわかりました。しかも兄弟でひっそりと隠れて住んでいたのです。清寧天皇はたいへん喜んで2人の男の子を宮中により、2人を皇位継承者としたのです。

仁賢天皇のページ（→ P202）も参照してください。

---

16 仁徳天皇

17 履中天皇　　18 反正天皇　　19 允恭天皇　　大草香皇子

市辺押磐皇子　御馬皇子　境黒彦皇子　20 安康天皇　八釣白彦皇子　21 雄略天皇　眉輪王

殺害　殺害　殺害　殺害　殺害

24 仁賢天皇　23 顕宗天皇　22 清寧天皇

発見・保護

133

来目皇子埴生崗上墓

埴生崗上墓
（はにゅうのおかのえのはか）

塚穴古墳

Kumenomiko hanyuno-okano-enohaka

7世紀前半　墳丘：長さ54m、高さ不明
First half-7th century Mound:length 54m, hight unknown

第31代用明天皇（ようめい）の子であり、かの厩戸王（聖徳太子（しょうとくたいし））の弟の墓。

古市古墳群 Furuichi Tombs

　古墳時代の終わりに築かれた古墳です。平成17（2005）年から行われた調査により、墳丘の周りには堀が掘られ、さらにその外側に高さ3mほどの堤が築かれていたことがわかりました。敷地面積にしておよそ130m四方の巨大な墳墓でした。

　拝所（はいじょ）は一段低くなったところにあります。ここが堀の跡なのでしょう。拝所へは古墳の一辺と並行する1本の細い砂利道を通っていきます。墳墓自体は巨大な方墳ですが、拝所への道はややわかりにくいので注意が必要です。拝所は南側にあります。

This is the tomb of the younger brother of the superstar in the ancient Japanese history Prince Shotoku.

羽曳野市はびきの
近鉄南大阪線「古市」駅　西へ徒歩30分。

来目皇子

31代用明天皇の皇子

主没：生誕年不明～推古11年（603）　20代で没したと推定されている
父：用明天皇／**母**：穴穂部間人皇女／**妃**：由波利王ほか
子女：男王ほか多数

English

厩戸王の同母弟

　近ごろでは聖徳太子とはよばれなくなったり、再びよばれるようになったりしている厩戸王の弟が来目皇子です。聖徳太子と同じ母の兄弟です。兄のような異能は歴史書に記されていません。ごくふつうの皇子であったようです。

　来目皇子は朝鮮半島に出兵する軍を率います。兄と同じく重要な役職に就く皇子だったのでしょう。当時、朝鮮半島において任那日本府が新羅に滅ぼされてしまいます。これに反撃するため来目皇子は征新羅将軍として2万5000人の軍勢を率いて朝鮮半島を目ざします。

　しかし、来目皇子は福岡県に入り、海を渡る準備を始めたころに病死してしまいます。計画は中断。来目皇子は兄の聖徳太子より20年も先に亡くなってしまうのです。

　その後も新羅征討は計画されますが、結局途中でアクシデントが発生して、計画は海を渡ることなく頓挫してしまいます。

宮内庁立札
Imperial Household Agency Sign board

曽木忠幸

来目皇子殯斂地（山口県防府市）。来目皇子は一度ここに埋葬され、のちに河内国埴生山（大阪府羽曳野市）に移されたという。

来目皇子と聞いてまず思い出すのは山岸涼子作、「日出処の天子」（KADOKAWA刊）なのでは。作中では愛らしい姿を見せていたが、実はこんな悲しい運命が待ち構えていたとは。

聖徳太子の墳墓はどこにある？

磯長谷古墳群（Shinagadani Kofun gun）
聖徳太子ゆかりの人物の墳墓が集まる。王陵の谷とも呼ばれる。

Kintetsu Railway Minami-Osaka Line
近鉄南大阪線

上ノ太子駅
Kaminotaishi sta.

太子 IC

南阪奈道路

貴志駅
Kishi sta.

大阪府南河内郡太子町
Taishicho, Minamikawachi County, Osaka

● 叡福寺

● 用明天皇陵古墳
蘇我馬子墓

● 蘇我山田石川麻呂墓

石川

近鉄長野線
Kintetsu Railway Nagano Line

敏達天皇陵古墳   推古天皇陵古墳

富田林駅
Tondabayashi sta.

● 蘇我蝦夷墓

近つ飛鳥博物館（→P218）

1km

The tomb of the superstar, Prince Shotoku, is located at Eifuku-ji Temple (Taishi Town of Minami-kawachi District, Osaka). The tombs of his relatives are also located near the town.

聖徳太子の同母弟、来目皇子の墳墓は古市古墳群にあります（→ P134）。では兄の聖徳太子の墓はどこにあるのかというと、同じく大阪府の南河内郡太子町にあります。町の名前からして聖徳太子との強い関係性がうかがえます。聖徳太子の墳墓は太子町の叡福寺の境内北側にあり、その名も「叡福寺北古墳」と文字どおり。聖徳太子と来目皇子の母・穴穂部間人皇女は蘇我氏の女性。当時は蘇我氏が皇室に何人も后を送り込み、強力な権力をもっていた時代です。太子町一帯はそんな蘇我氏の強いかかわりがうかがわれます。

叡福寺

同じ蘇我氏の系統である33代推古天皇が聖徳太子の墓を守護するために建立したとされる。太子の命日をしのんで行われる大乗会式（4月11・12日）には多くの人が集まる。

南大門にかかげられた「聖徳廟」という扁額。南大門は昭和33（1958）年に再建。当時の総理大臣であった岸信介が揮毫。

叡福寺北古墳

宮内庁が管理している。ここには聖徳太子および母の穴穂部間人皇女と太子の妻、膳部菩岐々美郎女（かしわでのほききみのいらつめ）も合葬されている。

蘇我氏ゆかりの人物の墓

推古天皇陵古墳

陵は宮内庁により磯長山田陵（しながのやまだのみささぎ）として33代推古天皇の陵墓に指定。山田高塚古墳（やまだたかつか）ともよばれる。推古天皇の子、竹田皇子（たけだのみこ）も合葬されているという。

用明天皇陵古墳

宮内庁によって河内磯長原陵（かわちのしながのはらのみささぎ）として31代用明天皇の墳墓に指定。春日向山古墳（かすがむかいやま）ともよばれる。聖徳太子・来目皇子の父の墓である。

敏達天皇陵古墳

宮内庁により河内磯長中尾陵（こうちのしながのなかのおのみささぎ）として30代敏達天皇の墳墓に指定。太子西山古墳ともよばれる。敏達天皇の御代は蘇我氏が大臣として権勢を振るった時代ではあったが、血のつながりはなかった。敏達天皇の子孫が中大兄皇子（なかのおおえのおうじ）であり、乙巳の変（いっしのへん）により蘇我氏を朝廷から排斥するのである。

蘇我馬子墓（そがのうまこ）

馬子は蘇我氏絶頂期の蘇我の頭首。馬子の墓は奈良県明日香地方にある「石舞台古墳（いしぶたい）」ではないかという説が有名だが、太子町にも馬子の墓と伝わる場所がある。

応神天皇陵古墳エリア

応神天皇陵古墳を中心とするエリアです。近鉄南大阪線道明寺駅を起点とし応神天皇陵をぐるっと一周しながら付近の古墳を見ていくといいでしょう。世界遺産に登録された古墳が多くあるエリアです。とりわけ大鳥塚古墳（→ P152）は世界遺産に登録されている古墳のなかでは珍しく墳丘に登れる古墳です。ぜひ登ってみましょう。

Ojin-tenno-ryo Kofun Area

This area is centered on Ojin-tenno-ryo Kofun. You can start from Domyoji Station on the Kintetsu Railway Minami-Osaka Line to see neighboring kofun walking around Ojin-tenno-ryo. The area includes many kofun registered as World Heritage Sites. Unlike the other World-Heritage kofun, Otorizuka Kofun (→ P152) is allowed to climb up its mound. You should climb it up.

散策ガイド

応神天皇陵古墳一帯は古くから街道筋の町として栄えていたので、雰囲気のある小道がいたるところにあります。気分のいい道を発見したらそこを探索するのもいいでしょう。応神天皇と八幡信仰は強く結びついています。その象徴が誉田八幡宮です。ここにも立ち寄りましょう。

Walking guide

The area around Ojin-tenno-ryo Kofun has flourished as a town along a main road for a long time and has many attractive lanes here and there. If you find a comfortable lane, you should explore. Emperor Ojin is strongly connected to the belief of Hachiman God. The symbol of the connection is Konda Hachimangu Shrine. Be sure to visit the shrine too.

古市古墳群

Furuichi Tombs

鉢塚古墳→ P198

アイセルシュラホール

仲哀天皇陵古墳→ P194

割塚古墳→ P199

はざみ山古墳→ P186

仲哀天皇陵古墳エリア → P192

Chuai-tenno-ryo Kofun Area

稲荷塚古墳→ P204

野々上古墳→ P205

竹内街道

青山古墳→ P184

仁賢天皇陵古墳→ P200

浄元寺山古墳→ P18

500m

墓山古墳エリア → P178

Hakayama Kofun Area

138

中姫命陵古墳エリア → P158
katsuhime-no-mikoto-ryo Kofun Area

長尾街道
長尾街道
なが お

土師ノ里駅駐輪場

允恭天皇陵古墳→P174
唐櫃山古墳→P170
宮の南塚古墳→P171

土師ノ里駅
Hajinosato Sta.

鍋塚古墳→P169

170

近鉄南大阪線
Minami Osaka Line

松川塚古墳→P172

古室山古墳→P164

仲姫命陵古墳→P160

道明寺→P173

赤面山古墳→P191

助太山古墳→P166

八島塚古墳→P168

道明寺駅
Domyoji Sta.

32 大鳥塚古墳 →P152
Otorizuka Kofun

中山塚古墳→P167

ンド山古墳 →P157
andoyama Kofun

33-2 誉田丸山古墳 → P144
Konda-maruyama Kofun

170

33-3 二ツ塚古墳 → P145
Futatsuzuka Kofun

蕃所山古墳 → P156
Banshoyama Kofun

33-1 応神天皇陵古墳 → P140
Ojin-tenno-ryo Kofun

34 東馬塚古墳 → P150
Higashiumazuka Kofun

茶山グラウンド
管理棟

35 栗塚古墳 → P151
Kurizuka Kofun

近鉄南大阪線
Minami Osaka Line

36 東山古墳 → P154
Higashiyama Kofun

放生橋→ P147
ほうじょうばし

中宮山古墳→ P188

誉田八幡宮 → P147
Konda Hachimangu Shrine

野中古墳→ P190

東高野街道
ひがしこうや

古墳→P180

向墓山古墳→ P182

西馬塚古墳→ P183

古市駅
Furuichi Sta.

河内こんだハニワの里　大蔵屋
おおくら や
古墳グッズを豊富にそろえる。ハニワの製作体験もでき
る。休憩所もあるのでここでひと息。

33-1 応神天皇陵古墳

Ojin-tenno-ryo Kofun：
the Mausoleum of Emperor Ojin

えがのもふしのおかのみささぎ
惠我藻伏崗陵

こんだごびょうやまこふん　こんだやまこふん
誉田御廟山古墳／誉田山古墳

World Heritage Site

前方後円墳
'keyhole-shaped'
tumulus

5世紀前半　墳丘：長さ425m、高さ36m（後円部）
First half-5th century Mound:length 425m, hight 36m（round part）

25 允恭天皇陵古墳 → P174
Ingyo-tenno-ryo Kofun

26 仲姫命陵古墳 → P160
Nakatsuhime-no-mikoto-ryo Kofun

33-3 二ツ塚古墳 → P145
Futatsuzuka Kofun

32 大鳥塚古墳 → P152
Otorizuka Kofun

拝所
Place of worship

33-2 誉田丸山古墳 → P144
Konda-maruyama Kofun

写真：羽曳野市

古市古墳群
Furuichi Tombs

140

日本第2位の大きさを誇る天皇陵です。陵墓の体積は仁徳天皇陵古墳をしのぐといいます。それゆえか、見た目の迫力は仁徳天皇陵古墳より強く感じるかもしれません。水をたたえた周濠は1重ですがその外側にも濠があります。一周はしていません。

This is the second largest Imperial Tomb in Japan. Since its volume is greater than Nintoku-tenno-ryo Kofun, you may feel more power from this tomb. While the kofun has a surrounding moat filled with water and another dry moat both of which do not entirely enclose the mound.

500m
土師ノ里駅
Hajinosato sta.

道明寺駅
Doumyouji sta.

羽曳野市
Habikino City

羽曳野市誉田
近鉄南大阪線「土師ノ里」駅
南西へ徒歩16分

33-1 応神天皇陵古墳
Ojin-tenno-ryo Kofun

誉田八幡宮 → P147
Konda Hachimangu Shrine

36 東山古墳 → P154
Higashiyama Kofun

This is considered to be the tomb of the 15th emperor and father of Emperor Nintoku, Emperor Ojin. It is the second largest tomb in Japan and has five existing satellite tombs.

Even though this kofun can be seen more closely than Nintoku-tenno-ryo Kofun for its fewer moats filled with water, it looks a mere hill because of its hugeness.

By walking along the periphery, you may experience its vastness from fatigue of your feet.

墳丘も広大なら拝所も広大。墳丘は拝所からだと視界に収まらない。

仁徳天皇の父、第15代応神天皇の墓とされています。全国2番目の規模でその規模にふさわしく、陪冢も8基（宮内庁治定）を数えます。

水をたたえた周濠が仁徳天皇陵古墳より1つ少ない状態なので、より接近して墳墓を見学することができますが、なにしろ巨大すぎて正直ただの小山にしか見えません。

しかしながら、一周をぐるりと歩いてみると、その巨大さを足の疲労で実感することができるでしょう。

応神天皇は八幡大菩薩の生まれ変わりとの伝承があるので、陵墓のそばに誉田八幡宮が隣接しています。かつてはここから墳丘まで歩いていくことができ、後円部の頂上には六角形の宝塔があったといいます。頂上までしっかりとした造りの参道まであったと記録にあります。墳墓自体が八幡神を信仰する対象となっていました。

As it has been said that Emperor Ojin was a reincarnation of Hachiman God, Konda Hachimangu Shrine is adjacent to the mound. It is said that the mound was able to be approached by foot from the shrine, and there was a hexagonal pagoda on the round rear part before The mound itself was worshipped as Hachiman God.

放生橋
9月15日に行われる秋の例祭では神輿（国宝）をかついだ人たちが、この放生橋をわたって応神天皇陵古墳の外堤のすぐそばまで行く。かつては後円部の頂上まで行ったという。現在では手前の緩やかな橋を渡るとのこと。

古墳のすぐ脇を流れる大水川。

航空写真やレーザー測量図を見ると応神天皇陵古墳の墳丘が崩れていることがわかるだろう。諸説あるが、崩れている側の地盤が緩かったのは間違いないだろう。左の図を見れば応神天皇陵古墳はもともとあった丘陵地に土砂をつけ足して築造されたことがわかる。大水川も不自然に湾曲している。

宮内庁立札
Imperial Household Agency Sign board

御陵印 Imperial tomb stamp

応神天皇
恵我藻
伏岡陵

レーザー測量図　Laser survey map

二ツ塚古墳がなければ台地上に築造できたのに綺麗に避けていることがよくわかる。また、墳丘の崩れもよく視認できる。活断層が崩れた部分の下にあるので地震で崩れたとの説もある。しかし、この部分以外の墳丘はとても綺麗な状態のままだ。活断層が動いて起こる地震ならばもっと大規模に墳丘が崩れるのではないかと提言する学者もいる。

二ツ塚古墳→P145

33-2 誉田丸山古墳 Konda-maruyama Kofun

応神陵域内陪冢

世 **World Heritage Site**

円墳
Round

5世紀前半　墳丘：直径50m、高さ7m
First half-5th century Mound:diameter 50m, hight 7m

正面の応神天皇陵古墳に目を奪われ見逃しがちな古墳。拝所に行く道の脇にある。

古市古墳群
Furuichi Tombs

　宮内庁により応神天皇陵の陪冢に指定されています。堀を巡らし墳墓には葺石と円筒埴輪列が確認されています。この古墳は1848年に大量の宝物が出土したことで有名です。見つかったのは金銅製の豪華な馬具など。出土した2具は一括して国宝に指定されています。現在は誉田八幡宮が所蔵していますが、金銅製の馬具のレプリカは近つ飛鳥博物館で展示しています。石棺は確認されていませんが、陪冢ではなく独立した墳墓であるとの説もあります。

This is designated as a satellite tomb of Ojin-tenno-ryo Kofun by the Imperial Household Agency. Fuki-ishi and rows of cylindrical haniwa were found in the mound surrounded by moats. This kofun is famous for a great deal of treasures excavated in 1848, which include luxurious horse-riding gear made of gilt bronze. Two of the excavated items are designated as National Treasure collectively.

500m　土師ノ里駅
Hajinosato sta.

道明寺駅
Doumyouji sta.

羽曳野市
Habikino City

羽曳野市誉田
近鉄南大阪線「土師ノ里」
駅　南西へ徒歩15分

144

33-3 二ツ塚古墳 Futatsuzuka Kofun

応神陵域内陪冢

前方後円墳
'keyhole-shaped'
tumulus

🌏 **World Heritage Site**

4世紀後半　墳丘：長さ 110m、高さ 9.9m（後円部）
Second half-4th century Mound:length 110m, hight 9.9m（round part）

印象として近づけない古墳ナンバー１なのではないか。私有地内にある古墳ならばあきらめもつくが……。

　築造年は応神陵古墳より前なので、応神天皇陵古墳はこの塚を避けるようにして築造されたことがわかっています。結果、天皇陵古墳に食い込むかたちで存在します。応神天皇にとって大切な人が眠る墳墓だったのか、はたまた邪魔な存在だったのか。

　すぐそばまで住宅が迫っているので接近して見学することができません。隣接するテニスコートに入れば近寄れるのですが予約なく立ち入ることはできません。墳丘を近くで目視できないもどかしい古墳です。

Built before Ojin-tenno-ryo Kofun, it is known that Ojin-tenno-ryo was constructed keeping a certain distance from this tomb. As a result, it exists intruding into the Imperial Kofun. It might be the tomb of the person important to Emperor Ojin.

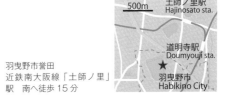

羽曳野市誉田
近鉄南大阪線「土師ノ里」
駅　南へ徒歩 15 分

145

English

八幡大菩薩

応神天皇 15代天皇

皇居：軽島豊明宮（かるしまのとよあきらのみや）（奈良県橿原市（かしはら））
在位期間：応神天皇元年（西暦270）1月1日〜同41年（310）2月15日
先代：仲哀天皇（ちゅうあい）（P196）　**次代**：仁徳天皇（にんとく）（P32）
父：仲哀天皇　**母**：神功皇后（じんぐう）（P197）　**皇后**：仲姫命（なかつひめのみこと）（P162）、高城入姫命（たかきのいりひめのみこと）、弟姫命（おとひめのみこと）ほか
子女：仁徳天皇、額田大中彦皇子（ぬかたのおおなかつひこのみこ）、大山守皇子（おおやまもりのみこ）、菟道稚郎子皇子（うじのわきいらつこ）、稚野毛二派皇子（わかぬけふたまたのみこ）ほか

偉大な母のもとで育てられる

　『日本書紀』において応神天皇は生まれながらに聡明であったと記されています。日本史における最強の皇后、神功皇后が朝鮮半島に渡り「三韓征伐（さんかんせいばつ）」を成し遂げたとき、すでに皇后は応神天皇を身にもっていたとも記されています。神功皇后は筑紫（つくし）（今の福岡県）で応神天皇を出産。そのとき応神天皇は赤子ながら筋肉隆々だったといいます。それはまさに母の肉体とそっくりでした。

　応神天皇の時代は大和朝廷（やまと）の勢力が巨大化した時期です。北方の民、蝦夷（えみし）の朝貢を受け、また吉備（きび）（山陽地方）を支配下におくための整備をしたりしました。

　しかし応神天皇が有名になるのは死後200年以上たってからだったのです。

八幡大菩薩として転生

　ことの発端は現在の大分県宇佐市（うさ）にある宇佐神宮でのできごとです。欽明天皇（きんめい）32（571）年、霊力のある老人が、神が人を救済しようと姿を変えて現れたことを知りました。老人は宇佐神宮境内の池のほとりで3年間祈り続けます。ある日、ついに神は笹（ささ）の上に光り輝く少年として姿を現します。少年は「わたしは応神天皇だ。そしてわたしの名は八幡大菩薩（はちまんだいぼさつ）で、人の姿を借りて人を救済する者だ」と言いました。この伝承から応神天皇＝八幡大菩薩としてとらえられるようになりました。

古市古墳群

Furuichi Tombs

誉田八幡宮

　応神天皇が八幡大菩薩だとの伝承が広がったので、応神天皇陵古墳は八幡神としての信仰の対象となりました。誉田八幡宮は欽明天皇の命で6世紀の後半に創建されたと伝えられています。主祭神はもちろん応神天皇です。本殿と拝殿は豊臣秀頼が慶長11（1606）年に再建したもの。宝物殿には誉田丸山古墳（→P144）から出土した馬具などが保管されています。

拝殿（右の建物）。この拝殿の奥に本殿がある。

かつて墳墓にもあった社

　江戸時代末期に出版された観光ガイド『河内名所図会』には観光名所として、応神天皇陵古墳の後円部にある社が描かれています。

誉田八幡宮から一直線の参道で後円部頂上の土と結ばれていた。

渡御の神事（毎年9月15日）

　誉田八幡宮から出発した神が宿る神輿は、放生橋を渡り、後円部のふもとにある祭祀場まで行きます。このとき参拝者も神輿と一緒に天皇陵の領域（外堤）に入ることが許されます。

羽曳野市教育委員会

祭祀場に向かう神輿。

応神天皇陵古墳

拝所に至る一本の道。都会の喧噪を忘れる。

The straight path leads to the worship gate away from bustle of cities.

古市古墳群

Furuichi Tombs

34 東馬塚古墳 Higashiumazuka Kofun

応神陵い号陪冢

方墳
Square

World Heritage Site

5世紀前半　墳丘：長さ30m、高さ3.5m
First half-5th century Mound:length 30m, hight 3.5m

テニスコート脇の駐車場の奥に見える。

　宮内庁が管理する応神天皇陵の陪冢です。墳丘付近から円筒埴輪が出土しています。また堀の存在も確認されました。埋葬施設の有無はわかっていません。四方を私有地に囲まれ、窮屈そうに存在しています。

　東馬塚古墳周辺の開発中に多数の埴輪が見つかったり、また四方10mの堀の跡が発見されたりしています。このあたり一帯は古墳が群集していたのかもしれません。ちなみに西馬塚古墳（→ P183）はやや離れた墓山古墳（→ P180）の近くにあります。

This is a satellite tomb of Ojin-tenno-ryo Kofun maintained by the Imperial Household Agency. Cylindrical haniwa were unearthed from the foot of the mound. The presence of a moat was confirmed but of a burial facility. During a development around Higashiumazuka Kofun, a lot of haniwa and a trace of a moat (10 meters square) were found. This area might have been crowded with kofun before.

羽曳野市誉田
近鉄南大阪線「土師ノ里」
駅　南へ徒歩15分

古市古墳群
Furuichi Tombs

35 栗塚古墳 Kurizuka Kofun

応神陵ろ号陪冢

方墳
Square

World Heritage Site

５世紀前半　墳丘：長さ 43m、高さ 5m
First half-5th century Mound:length 43m, hight 5m

こちらも私有地に囲まれていて全容をひと目に収めることは難しい。

応神天皇陵の陪冢として宮内庁が管理しています。昭和63（1988）年に、墳丘の西側と南側に住宅を建てる際に調査が行われました。結果、この方墳は一辺が43m、高さが5mで２段に築造されていたことがわかりました。さらに斜面には葺石が敷かれ、円筒埴輪列も見つかっています。

古墳をのぞき見ることができる道は東高野街道（京都を起点とし大阪の河内長野で高野街道につながる道）で、街道を意識した場所に築造されたことがわかります。

This is maintained by the Imperial Household Agency as a satellite tomb of Ojin-tenno-ryo Kofun.
In 1988, an excavation was conducted at the west and south side of the mound, where there are private houses now. The result revealed that this square kofun was built in two tiers, 43 meters in length and 5 meters in height. Fuki-ishi on the slope and cylindrical haniwa were also found.

羽曳野市誉田
近鉄南大阪線「土師ノ里」駅　南へ徒歩15分

32 大鳥塚古墳 Otorizuka Kofun

前方後円墳
'keyhole-shaped' tumulus

5 世紀前半　墳丘：長さ 110m、高さ 12.3m（後円部）
First half-5th century Mound:length 110m, hight 12.3m（round part）

32 大鳥塚古墳
Otorizuka Kofun

33-2 誉田丸山古墳 →P144
Konda-maruyama Kofun

目の前に応神天皇陵古墳が存在するので影が薄いが、登れる世界遺産の前方後円墳として貴重。

古市古墳群
Furuichi Tombs

墳丘からは円筒埴輪などが出土しています。墳丘の周りには幅は狭いながらも周濠が巡っています。この古墳は現代に墳丘の改造が行われたことがわかっています。第二次世界大戦中に対空砲の砲座が築かれ、飛行機を隠すための掩体壕が造られました。

なによりこの古墳の特徴は、墳丘の中に立ち入ることができること。世界遺産に登録された前方後円墳の多くは立ち入り禁止がほとんどです。墳墓に立ち入ることについての是非は賛否両論あるでしょう。しかし、登ってみなければわからないこともあるのです。その大きさは当然として、墳丘の美しさは登ってみないとわかりません。

Cylindrical haniwa and others remains are excavated. The mound is surrounded by a narrow moat. It is known to have undergone a renovation in the modern era. During the WWII, antiaircraft guns and bunkers for planes were made on it. Unlike the other keyhole-shaped kofun registered as World Heritage Sites, this is allowed to be climbed up. By climbing up, you can experience its hugeness and learn how great effort was made to build it.

藤井寺市古室
近鉄南大阪線「土師ノ里」駅　南西へ徒歩13分

500m

土師ノ里駅
Hajinosato sta.

★ 道明寺駅
Doumyouji sta.

羽曳野市
Habikino City

後円部から前方部を望む。墳丘上からの眺めでいちばん美しいアングルなのではないか。

後円部の頂上に残る機関銃銃座を設置するためのくぼみ。

レーザー測量図　Laser survey map

測量図を見ると後円部に３つの掩体壕があったことが確認できる。ここに飛行機を隠そうとしたのだ。付近にある現在の八尾空港は第二次世界大戦中は陸軍が使っていた。そこで使う飛行機を隠そうとしたのだろう。実際に使われたかどうかはわからない。

掩体壕跡。それと知らないと単なる墳丘の崩れに見える。

36 東山古墳 Higashiyama Kofun

方墳
Square

🏛 **World Heritage Site**

5世紀前半　墳丘：長辺57m、高さ7m
First half-5th century Mound:long side length 57m, hight 7m

応神天皇陵古墳

外濠

藤井寺市

応神天皇陵古墳の外濠と接している。

　応神天皇の陪冢だと考えられています。墳丘の平坦なところからは円筒埴輪が隙間なくびっしりと並べられていたことがわかっています。東山古墳のすぐ隣にあった野中アリ山古墳からは大量の鉄製品が出土しています。おそらく東山古墳も同様に副葬品を収容するための墳墓なのでしょう。

　応神天皇陵の外濠だったところは農地になっていて、東山古墳はそんな農地の近くにポツンとあります。外濠一帯は史跡に指定されていて、景観が保護されています。のどかな風景は古墳巡りで疲れた体をいやす絶好のスポット。しかし、日光を遮る施設はほとんどない点に注意が必要です。

It is considered to be a satellite tomb of Ojin-tenno-ryo Kofun. Cylindrical haniwa used to be arranged with no gaps on the flat terrace of the mound. A large amount of ironware were unearthed from Nonaka-ariyama Kofun (→ P219) that used to be right next to Higashiyama Kofun. This kofun should be a tomb to contain grave goods as well.

500m

土師ノ里駅
Hajinosato sta.

道明寺駅
Doumyouji sta.

羽曳野市
Habikino City

藤井寺市野中
近鉄南大阪線「古市」
駅　北へ徒歩16分

応神天皇陵古墳側から見る東山古墳。陪冢とはいえそれなりに大きい。

野中アリ山古墳があった場所

レーザー測量図　Laser survey map

保存状態は比較的よく方墳の姿をとどめている。濠だったであろう場所も推測できる。北側にはかつて野中アリ山古墳があった。東山古墳の北側の濠は野中アリ山古墳と共用していたことがわかっている。野中アリ山古墳は第二次世界大戦後に農地として開墾され消滅。現在では病院施設となっている。

出土した埴輪列。

終戦直後に撮られた写真を見ると、東山古墳のすぐ北側に野中アリ山古墳の姿が見える。うっすらと濠であった部分も見てとれる。

蕃所山古墳 **Banshoyama Kofun**

円墳
Round

5世紀後半　墳丘：直径22m、高さ3m
Second half- 5th century Mound: diameter 22m, hight 3m

市街地の風景にしっかりと溶け込む。

古市古墳群
Furuichi Tombs

　西欧文化圏ではよく見るラウンドアバウト。日本語では環状交差点。そのラウンドアバウトの中心に位置する古墳です。おそらくこの古墳を起点として区画整理が行われたのでしょう。よって360度、どこからでも見学することができます。市街地にある古墳のなかでもっとも収まりのいい古墳といえそうです。

　墳丘からは埴輪のかけらは見つかっていますが、未調査のためくわしいことはわかっていません。

This kofun is located in the center of a roundabout commonly seen in the Western cultural areas. The development in this area must have been started from here. You can observe the tomb from all directions.

藤井寺市藤ヶ丘
近鉄南大阪線「土師ノ里」
駅　南西へ徒歩25分

サンド山古墳 Sandoyama Kofun

応神陵ヘ号陪冢

5世紀後半　墳丘：長さ 30m、高さ 3m
Second half- 5th century Mound: length 30m, hight 3m

?

不明
Unknown

蕃所山古墳至近の古墳だが、景観には天と地ほどの差がある。

　宮内庁により応神天皇陵の陪冢とされています。墳丘からは埴輪の破片が採集されています。墳丘が崩れているために、もともとどのような形をしていたのかわかっていません。第二次世界大戦終戦直後に撮られた航空写真を見ても、墳丘は現在の姿とさほど変わっていません。農地としてすでに開墾されてしまったのでしょう。古墳のある一角は「藤ヶ丘 山道ポケットパーク」として整備されていますが、休憩できるベンチのような施設はありません。

This is designated as a satellite tomb of Ojin-tenno-ryo Kofun by the Imperial Household Agency. Fragments of haniwa were excavated from the mound. For the mound has been mostly collapsed, the original shape is unknown. The aerial photo taken right after the war shows that the shape of the mound has not been changed so much since then. It must have been already developed for cultivation by then.

藤井寺市藤ヶ丘
近鉄南大阪線「土師ノ里」
駅　南西へ徒歩 25 分

仲姫命陵古墳エリア

仲姫命陵古墳と允恭天皇陵古墳という二つの巨大前方後円墳を訪れ、その周辺の古墳を見ていくというエリアです。とくに仲姫命陵古墳の周辺には世界遺産に登録された古墳がたくさんあります。

Nakatsuhime-no-mikoto-ryo Kofun Area

This area includes two huge keyhole-shaped kofun, Nakatsuhime-no-mikoto-ryo Kofun and Ingyo-tenno-ryo Kofun, and other neighboring kofun. There are many kofun registered as World Heritage Sites especially around Nakatsuhime-no-mikoto-ryo Kofun.

Walking guide

You can start from Hajinosato Station on the Kintetsu Railway Minami-Osaka Line. It can be said that this station is the closest station to the kofun inscribed as World Heritage Site. Nabezuka Kofun is near the station, and both Ingyo-tenno-ryo Kofun and Nakatsuhime-no-mikoto-ryo Kofun are just a few minutes walk away from it. As you might not be able to enjoy sightseeing in this residential area, you may want to visit Domyoji Temple before leaving from Domyoji Station.

散策ガイド

起点となるのは近鉄南大阪線土師ノ里駅です。この駅は世界遺産に登録された古墳に最も近い駅だといえます。駅のすぐそばに鍋塚古墳がありますし、允恭天皇陵古墳も仲姫命陵古墳も歩いてすぐです。しかし一帯は密集した住宅地なので、観光に来たという気分は味わえません。せめて道明寺まで足を伸ばし、観光気分を味わい、道明寺駅から帰路につくのもいいでしょう。

藤井寺 IC

藤井寺
図書

古市古墳群
Furuichi Tombs

藤井寺駅
Fujidera Sta.

ゆめぷらざ

仲哀天皇陵古墳エリア → P192
Chuai-tenno-ryo Kofun Area

赤面山古墳 → P191
Sekimenyama Kofun

鉢塚古墳 → P198

応神天皇陵古墳エリア → P138
Ojin-tenno-ryo Kofun Area

アイセル
シュラホール

サンド山古墳 → P157

蕃所山古墳 → P156

仲哀天皇陵古墳 → P194

500m

割塚古墳 → P199

応神、允恭天皇陵などが密集する
国府台地がこのあたりで終わる。

国府遺跡
縄文土器や弥生土器が出土。台地（国府台地）
の一番端は人が住むのに適した場所だ。

近鉄道明寺線
Domyoji Line

25 **允恭天皇陵古墳** → P174
Ingyo-tenno-ryo Kofun

国府遺跡
Kou Remains

長尾街道

唐櫃山古墳 → P170
Karatoyama Kofun

衣縫塚古墳 → P172
Inuizuka Kofun

松川塚古墳 → P172
Matsukawazuka Kofun

土師ノ里駅駐輪場

宮の南塚古墳 → P171
Miyanominamizuka Kofun

27 **鍋塚古墳** → P169
Nabezuka Kofun

土師ノ里駅
Hajinosato Sta.

26 **仲姫命陵古墳** → P160
Nakatsuhime-no-mikoto-ryo Kofun

東高野街道

道明寺 → P173
Domyoji Temple

31 **古室山古墳** → P164
Komuroyama Kofun

道明寺駅
Domyoji Sta.

鳥塚古墳 → P152

30 **八島塚古墳** → P168
Yashimazuka Kofun

丸山古墳 → P144

170

29 **中山塚古墳** → P167
Nakayamazuka Kofun

二ツ塚古墳 → P145

28 **助太山古墳** → P166
Suketayama Kofun

天皇陵古墳 → P140

東馬塚古墳 → P150

茶山グラウンド
管理棟

近鉄南大阪線
Minami Osaka Line

㉖ 仲姫命陵古墳 Nakatsuhime-no-mikoto-ryo Kofun： the Mausoleum of Empress Nakatsuhime

なかつやまのみささぎ
仲津山陵
なかつやま
仲津山古墳

前方後円墳
'keyhole-shaped'
tumulus

世 **World Heritage Site**

4世紀後半　墳丘：長さ290m、高さ26.2m（後円部）
Second half-4th century Mound:length 290m, hight 26.2m (round part)

㉙ 中山塚古墳 → P167
Nakayamazuka Kofun

㉚ 八島塚古墳 → P168
Yashimazuka Kofun

㉘ 助太山古墳 → P166
Suketayama Kofun

拝所
Place of worship

㉖ 仲姫命陵古墳
Nakatsuhime-no-mikoto-ryo Kofun

こむろはちまん
古室八幡神社

藤井寺市

3つ並んだ八島塚古墳、中山塚古墳、助太山古墳が目に付く。これらは合わせて「三ツ塚古墳」と呼ばれる。

古市古墳群
Furuichi Tombs

　15代応神天皇の后の墓とされる、3段に築成された大型前方後円墳です。埋葬施設の有無は調査されていないのでわかりませんが、伝承として石棺が墳丘にあると伝えられています。歩くのにやっとの幅の道路もありますが、ほぼ一周をぐるりと歩ける古墳です。
　拝所は古室山古墳（→ P164）にも面した道路から入って行きます。拝所を取り囲む生け垣が美しく、どことなく優しい雰囲気のある拝所です。女性を祀るのにふさわしい景観のように思えます。

This is the tomb of Empress Nakatsuhime who wa the empress of the 15th emperor, Emperor Ojin. Thi large keyhole-shaped kofun was built in three tiers. I is said since old times that there is a stone chamber i the mound although the presence of burial facility i unknown because no research has been done. You ca walk mostly all around this kofun.

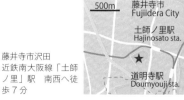

500m　藤井寺市
Fujiidera City

土師ノ里駅
Hajinosato sta.

道明寺駅
Doumyouji sta.

藤井寺市沢田
近鉄南大阪線「土師ノ里」駅　南西へ徒歩7分

160

周濠には水はたまらず、空濠状態のことがほとんど。これは仲姫命陵古墳が国府台地の最も高いところに位置するからだとされる。

レーザー測量図 Laser survey map
外見も美しいが樹木により隠された墳丘もまた美しい。造り出しは両サイドにあり、見事なバランスである。図で見ると後円部の左側に周濠にかけられた堤のようなものが見える。興味深いのはその道の痕跡は後円部の頂上まで続くこと。かつては墳丘へ立ち入れたのか。

外堤と接するようにある古室八幡神社から見る仲姫命陵古墳は美しい。

宮内庁立札
Imperial Household Agency Sign board

仲姫命 15代応神天皇の皇后

出没：不明
父：品陀真若王／**母**：金田屋野姫命
子女：荒田皇女、仁徳天皇（P32）、根鳥皇子

English

仁徳天皇の母

　古市の地に、皇后では珍しい巨大前方後円墳を築かせたその動機は、なんといっても仲姫命が仁徳天皇の母だという事実でしょう。歴史書にも神功皇后のような武勇譚は記されず、春日山田皇女（P129）のような人柄を示すようなエピソードもありません。

　ごくごくふつうの女性だったと思われますが、仁徳天皇を産んだことにより、そのモニュメントとしての墳墓は巨大なものになったのでしょう。息子の仁徳天皇が母の墳墓の築造計画に携わったとするならば、台地のもっとも高い場所に、母の墳墓を築いたことになります。

　仲姫命は仁徳天皇が即位するのと同時に、皇太后として即位しています。

じつは12代景行天皇の系統

　応神天皇が迎えた妃たちには一致点があります。仲姫命と同じ父（品陀真若王）をもつ高城入姫命、弟姫命も応神天皇の妃です。つまり3人姉妹をまるごと妃としたのです。

　それは品陀真若王が12代景行天皇の男系の孫だからだと考えられます。これと似たことが後世繰り返されます。26代継体天皇は24代仁賢天皇の娘と婚姻し、さらにその子たちも仁賢天皇の系統の娘を妃として迎えるのです。歴史書にはそう書かれていませんが、応神天皇もまた傍系だったのかもしれません。

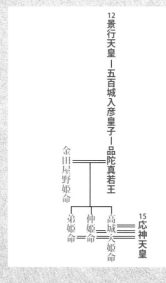

12景行天皇ー五百城入彦皇子ー品陀真若王
金田屋野姫命
弟姫命
仲姫命
高城入姫命
15応神天皇

薬師寺

　日本においては神様と仏様が一緒に祀られていることは珍しくなく、薬師寺においても八幡三神坐像という神像が薬師寺のそばにある休ヶ岡八幡宮に祀られています。この3体は八幡宮の祭神として信仰されており、主神は僧形八幡宮（応神天皇）、2体の女神像は応神天皇の母の神功皇后と仲姫命（「仲津姫命」と表記する場合もある）なのです。

薬師寺は40代天武天皇によって建てられた。南門の南側に薬師寺を守護する休ヶ岡八幡宮がある。

休ヶ岡八幡宮

寛平のころ（889-898）、豊前国（大分県）宇佐から勧請されたという。宇佐といえば八幡大菩薩と応神天皇を強く結びつけた宇佐神宮。ここから勧請されたのだろう。応神天皇、神功皇后、仲姫命が神として祀られているのは当然のことか。

鶴岡八幡宮若宮

鶴岡八幡宮

鎌倉の代表的な観光地の鶴岡八幡宮。この八幡宮には若宮がある。若宮とはよその神社から神様を招いて造った宮や、上宮（本宮）の祭神の御子を祀る神社のこと。両宮の姿となってからの若宮は上宮の祭神、応神天皇の子、仁徳天皇のほか、履中天皇、仲媛命（仲姫命）、磐之媛命（仁徳天皇の后）の三柱の神様が祀られている。

31 古室山古墳 Komuroyama Kofun

前方後円墳
`keyhole-shaped`
tumulus

🌐 World Heritage Site

4 世紀後半　墳丘：長さ150m、高さ15.3m（後円部）
Second half- 4th century Mound: length 150m, hight 15.3m(round part)

登れる古墳なのでぜひ登ろう。後円部の裾に写っている民家はすでにない。

　現状では墳丘の表土が破壊されてしまっていて
わかりにくいのですが、3段で築成されていたよ
うです。調査の結果、葺石で表面を飾りつけられ、
またテラスの部分には円筒埴輪列が確認されまし
た。後円部の頂上には板状の石が確認されていま
すが、これが埋葬施設の一部なのではという説も
あります。

　古室山古墳も仲姫命陵古墳（→ P160）同様、
国府台地のいちばん高いところに位置し、日当た
りがよく水はけもよいので、周辺は果樹園として
利用されていました。かつてここは民有地でした。
そしてこの古墳には現在も柿が実ります。果樹園
として利用されていた名残でしょうか。

It is considered to be built in three tier
although the surface of the mound is collapse
now. A research found fuki-ishi on the slop
and rows of cylindrical haniwa on the terrace
There is a theory that the flat stone found o
the top of the round rear part might be part o
the burial facility.

藤井寺市古室
近鉄南大阪線「土師ノ
里」駅　南西へ徒歩
12分

500m　藤井寺市
　　　Fujiidera City

土師ノ里駅
Hajinosato sta.

★

道明寺駅
Doumyouji sta.

高台にあることもあり墳丘から見下ろす景色はすばらしい。適度に木陰もあるのでこのエリアの散策に疲れたらここで休息をとるといい。

木の根元に堆積する小石。葺石か。

たわわに実をつける夏の柿の木。柿の木は紅葉も美しく、目を楽しませてくれる。

レーザー測量図　Laser survey map

現在は公園化にともない公有地化が進められている。測量図には私有地の痕跡がしっかりと残っている。墳丘の裾の部分を削り取り、建造物を建てた跡がところどころに残る。

28 助太山古墳 Suketayama Kofun

方墳
Square

🌐 **World Heritage Site**

5世紀前半　墳丘：長さ36m、高さ6m
First half-5th century Mound:length 36m, hight 6m

墳丘の草は刈られ、きれいに整えられている。

八島塚古墳、中山塚古墳と仲よく一列に並ぶ方墳群。これらをまとめて「三ツ塚古墳」とよんでいます。この3つの古墳のうち、助太山古墳だけが宮内庁の管理を受けていません。しかし、この3つの古墳は濠を共有していたので同時に築造されたものだと考えられています。濠の跡からは円筒埴輪が出土しています。

この古墳は登れる古墳なのですが、墳丘頂上に続く階段は団地の敷地を横切ったところにあるのでわかりにくいです。

This square kofun is located alongside Yashimazuka Kofun and Nakayamazuka Kofun. They are called Mitsuzuka Kofun collectively. Although only Suketayama Kofun among them is not maintained by the Imperial Household Agency, these kofun are believed to be constructed at the same time because they share a moat. Cylindrical haniwa were excavated from the moat.

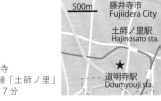

藤井寺市道明寺
近鉄南大阪線「土師ノ里」
駅　南へ徒歩7分

中山塚古墳 Nakayamazuka Kofun

仲姫命陵い号陪冢

方墳
Square

🌐 World Heritage Site

5世紀前半　墳丘：長さ50m、高さ8.5m
First half-5th century Mound:length 50m, hight 8.5m

周濠部は草木が伸び放題になっていてうっそうとしているが、周濠として現存するだけましなのか。

　仲姫命陵の陪冢として宮内庁が管理しています。しかし管理しているのは墳丘のみで周濠は私有地です。このため周濠だった場所の多くは住宅地や駐車場として開発されてしまいましたが、ここ中山塚古墳の周濠は比較的保存状態が良いように見えます。この周濠を開発したときに大発見がありました。中山塚古墳と八島塚古墳を隔てる周濠部から巨大な木製のソリ「修羅」（→P12）や、巨石を動かすための棒が発見されたのです。

This satellite tomb of Nakatsuhime-no-mikoto-ryo Kofun is maintained by the Imperial Household Agency. While the Agency manages only the mound, its surrounding moat is belonged to a private property. Large wooden sleighs called shura (→ P12) and sticks used to carry huge stones were excavated from the moat between Nakayamazuka and Yashimazuka.

藤井寺市道明寺
近鉄南大阪線「土師ノ里」
駅　南へ徒歩6分

500m　藤井寺市 Fujiidera City
土師ノ里駅 Hajinosato sta.
★ 道明寺駅 Doumyouji sta.

167

30 八島塚古墳 Yashimazuka Kofun

仲姫命陵ろ号陪冢

世 World Heritage Site

方墳
Square

5世紀前半　墳丘：長さ50m、高さ8m
First half-5th century Mound:length 50m, hight 8m

写真右側の建物の下から修羅が出土した。ここはかつて中山塚古墳と共有する周濠だった。

　中山塚古墳（→ P167）と同じく、仲姫命陵の陪冢として宮内庁が管理しています。周濠は埋め立てられ駐車場となっていますが、そのため墳丘の形は中山塚古墳よりよく見学できます。

　中山塚古墳と共有する周濠から巨大な修羅が発見されましたが、この古墳を築造するときに使われたのかどうかはわかっていません。修羅は濠を1.3m掘った所から出土しました。巨大な修羅は近つ飛鳥博物館（→ P218）に保存・展示されています。

Same as Nakayamazuka Kofun(→ P167), this is maintained by the Imperial Household Agency as a satellite tomb of Nakatsuhime-no-mikoto-ryo Kofun. Although a large shura was found from the moat shared with Nakayamazuka Kofun, whether it was used to construct this kofun or not is unknown. The shura was found only 1.3 meters beneath the bottom of the moat. The large shura is displayed at Osaka Prefectural Chikatsu Asuka Museum(→ P218).

藤井寺市道明寺
近鉄南大阪線「土師ノ里」
駅　南へ徒歩5分

500m
藤井寺市
Fujiidera City
土師ノ里駅
Hajinosato sta.
★
道明寺駅
Doumyouji sta.

鍋塚古墳 Nabezuka Kofun

方墳
Square

 World Heritage Site

４世紀後半　墳丘：長さ63ｍ、高さ７ｍ
Second half- 4th century Mound: length 63m, hight 7m

駅チカ世界遺産の古墳ナンバー１だと思われる。しかも登れる。

　近鉄南大阪線「土師ノ里」駅から徒歩１分の場所にある古墳です。改札を出て斜め左を見るとすぐそこに鍋塚古墳が見えるでしょう。仲姫命陵の陪冢だと考えられていますが、宮内庁の管理下にないので登ることができます。墳丘からは円筒埴輪などが出土し、葺石で覆われていたことがわかっています。また周濠があったという説も提起されています。

　こぢんまりとしていますが、よく手入れされた墳丘の姿はかわいらしいです。

This kofun is only a minute walk away from Hajinosato Station on the Kintetsu Railway Minami-Osaka Line. You can find it soon on your left side after the exit. While it is thought to be a satellite tomb of Nakatsuhime-no-mikoto-ryo Kofun, it is not maintained by the Imperial Household Agency. So, you can climb it up.

藤井寺市沢田
近鉄南大阪線「土師ノ里」
駅　南へ徒歩すぐ

500m　藤井寺市
Fujiidera City

土師ノ里駅
Hajinosato sta.
★

道明寺駅
Doumyouji sta.

169

唐櫃山古墳 Karatoyama Kofun

前方後円墳
'keyhole-shaped' tumulus

5世紀後半　墳丘：長さ59m、高さ不明
Second half- 5th century Mound: length 59m, hight unknown

写真左側の府道を造るために破壊された。わずかに墳丘の一部が残り、石室らしきものも。

かつて長さ59mの前方後円墳でしたが、府道を通す場所にかかっていたため、そのほとんどが破壊された古墳です。破壊する際に行われた調査では、後円部内に竪穴式石室が発掘されました。石室はすでに一部が破壊されており、盗掘を受けた後でしたが、ガラス玉などが発見されました。

古墳を壊した後で遅きに失するように思えますが跡地は史跡とされ公有地となり、ゆくゆくは史跡公園として整備されるのかもしれません。

This used to be a keyhole-shaped kofun with the length of 59 meters. Most of it was demolished to built a prefectural road. The research on the demolition found a vertical stone chamber in the round rear part. Grave goods like glass beads were found even though the stone coffin had been disturbed and partially broken.

藤井寺市国府
近鉄南大阪線「土師ノ里」駅　北へ徒歩すぐ

500m　藤井寺市 Fujiidera City
土師ノ里駅 Hajinosato sta.
道明寺駅 Doumyouji sta.

宮の南塚古墳 Miyanominamizuka Kofun

允恭陵飛び地は号

円墳
Round

5世紀後半　墳丘：直径40m、高さ不明
Second half- 5th century Mound:diameter 40m, hight unknown

残土を積み上げただけの山にしか見えないが宮内庁が管理する古墳である。

　細かいごみが混じる表土ややでこぼことした墳丘の形から、これが古墳かと目を疑いますが、立派な古墳です。急激に立ち上る斜面がそう思わせるのかもしれません。墳丘をよく観察すると葺石が確認できます。允恭天皇陵の飛地として宮内庁が管理しています。現在では円墳として存在しますが、かつては前方後円墳だったという説もあります。古墳の名が示すとおり、北側に国府八幡神社があります。祭神は八幡大神こと応神天皇です。

Even though it looks like a rough hill with small debris, it is a kofun with a steep slope. Looked closer, fuki-ishi can be observed. The Imperial Household Agency maintains it as a satellite tomb of Ingyo-tenno-ryo Kofun. There is Kou Hachiman Shrine on the north of this kofun, which is devoted to Emperor Ojin or Hachiman God.

500m
藤井寺市
Fujiidera City
土師ノ里駅
Hajinosato sta.
道明寺駅
Doumyouji sta.
★

藤井寺市国府
近鉄南大阪線「土師ノ里」
駅　北東へ徒歩5分

171

衣縫塚古墳 Inuizuka Kofun

允恭陵飛地ろ号

円墳
Round

5世紀後半　墳丘：直径20m、高さ不明
Second half- 5th century Mound:diameter 20m, hight unknown

This kofun is maintained by the Imperial Household Agency as a satellite tomb of Ingyo-tenno-ryo Kofun.

允恭天皇陵古墳の飛地として宮内庁により管理されています。周濠からは埴輪が発見されていますが、埋葬施設の有無は調査が行われていないのでわかりません。古墳の名はこの地の豪族、衣縫氏からとられたと伝わっています。

国府衣縫塚公園に面している。見学はしやすい。

500m　藤井寺市 Fujiidera City

★

土師ノ里駅 Hajinosato sta.

道明寺駅 Doumyouji sta.

大阪府藤井寺市国府　近鉄南大阪線「土師ノ里」駅より北東へ徒歩10分。

松川塚古墳 Matsukawazuka Kofun

方墳
Square

5世紀後半　墳丘：長さ25m、高さ不明
Second half- 5th century Mound: length 25m, hight unknown

Thirteen disappeared kofun were found in the north of Matsukawazuka Kofun. This kofun can be said to have barely survived.

松川塚古墳の北側には消滅した古墳が13基発見されました。松川塚古墳はぎりぎりのところで破壊を免れた古墳だといえます。平成28（2016）年に国史跡になりました。発掘調査により円筒埴輪列や葺石が確認されました。

これから整備が進むのであろう。消滅しかけた古墳の姿を見るなら今。

500m　藤井寺市 Fujiidera City

土師ノ里駅 Hajinosato sta.

★

道明寺駅 Doumyouji sta.

大阪府藤井寺市古室　近鉄南大阪線「土師ノ里」駅より南西へ徒歩10分。

道明寺

This temple was first established for Haji clan that was dominating this area during the reign of the 33rd Empress Suiko. The name of Domyoji Temple is said to be given by Prince Shotoku. Later, the temple had become a convent since an aunt of Sugawara-no-Michizane, Kakuju lived there.

道明寺天満宮。道明寺に隣接。祭神は天穂日命、菅原道真、覚寿。

33代推古天皇の時代、このあたり一帯を支配していた土師氏（菅原氏の祖先）が氏寺として創建したのが始まりといいます。道明寺と名づけたのは聖徳太子との伝承があります。やがて菅原道真の叔母の覚寿が住むようになり、以降尼寺となったといいます。

桜餅の一種を「道明寺」といいますが、これはこの寺の尼僧が米の長期保存方法を発明したことが由来です。桜餅の材料としてこの製法による米を使うので、「道明寺」とよばれるようになりました。

山門。楼門ともよばれる。なぜならば上層に梵鐘が吊られているからである。もともとは山門だったが江戸末期に山門と鐘楼を合体させた。むりのある工事だったようで上層の鐘楼部分がやや傾いている。

藤井寺市

国宝・十一面観音菩薩立像。道明寺の本尊である。製作されたのは菅原道真が生きていたころだとされる。像の高さ99.4cm、1本のヒノキからできている。優しいその姿に見とれてしまう。毎月18日と25日には厨子の扉が開かれ、ご本尊を拝観できる。

藤井寺市道明寺
近鉄南大阪線「道明寺」駅より西へ徒歩5分。

500m 藤井寺市 Fujiidera City
土師ノ里駅 Hajinosato sta.
★
道明寺駅 Doumyouji sta.

25 允恭天皇陵古墳 Ingyo-tenno-ryo Kofun：the Mausoleum of Emperor Ingyo

えがのながののきたのみささぎ
恵我長野北陵
いちのやまこふん
市野山古墳

前方後円墳
`keyhole-shaped` tumulus

🌐 World Heritage Site

5世紀後半　墳丘：長さ230m、高さ23.3m（前方部）
Second half- 5th century Mound: length 230m, hight 23.3m (square part)

拝所へ至る小道

拝所
Place of worship

台地の高いところにあり、水を引き込めるような河川が一段低いところに流れているので空堀状態。

　築造当時は2重目の濠と堤があったことがわかっています。昔の写真を見ると2重目の濠が細長い池として確認できます。市立第5保育所の細長い敷地はその池を埋め立てた名残です。濠は空堀なので立ち入りやすく、陵墓は綿花の栽培に利用されていたようです。

　拝所は到達難度ナンバー1だと思います。拝所は普通前方部の中央に行けばいいだけです。しかしこの前方部中央は私有地で占められていて拝所すら見えません。拝所への行き方は南北に走る国道170号線から前方部の長辺と平行する小道に入っていきます。この小道さえ発見できればあとは真っ直ぐ。小道には無粋な柵などなく、すばらしい景観です。

This is considered to be the tomb of the 19th emperor, Emperor Ingyo. It used to have a double moat and banks at the time of construction. The old photos show the outer moat as a long, narrow pond. The ground of the municipal nursery center 5 retains the shape of the reclaimed pond. The empty moat is easy to access. The mound was used for cotton farming before.

500m

藤井寺市
Fujiidera City

★

藤井寺市国府
近鉄南大阪線
「土師ノ里」駅
北へ徒歩2分

土師ノ里駅
Hajinosato sta.

道明寺駅
Doumyouji sta.

古市古墳群 Furuichi Tombs

前方部の東側の角には水がたまっている。ここからの景色もいいが高い柵がある。

レーザー測量図 Laser survey map

人が入って墳丘を利用したとの記録があるわりには非常に状態がよいのが確認できる。3段築成で造り出しは左右両方。

宮内庁立札
Imperial Household Agency Sign board

御陵印 Imperial tomb stamp

野北陵　恵我長野　允恭天皇

允恭天皇 19代天皇

皇居：遠飛鳥宮（奈良県明日香村）
在位期間：允恭天皇元年（西暦412）12月〜同42年（453）1月14日
先代：反正天皇（P78）　**次代**：安康天皇
父：仁徳天皇（P32）／**母**：葛城磐之媛命　**皇后**：忍坂大中姫
子女：木梨軽皇子、安康天皇、軽大娘皇女、雄略天皇（P216）ほか

身分制度を整える

　仁徳天皇第4皇子で履中天皇（→P58）、反正天皇（→P78）の同母弟。生まれながらに優れた容姿をしていたと歴史書に記されています。兄の反正天皇が皇太子を指名しないままに崩御。臣下が即位を勧めたのですが病気を理由に辞退。そのため約1年の空位がてきてしまいましたが、皇后の忍坂大中姫の強い進言を受け入れようやく即位しました。

　業績としては氏姓の乱れを正しました。自分の氏姓を偽り、一族をより上位のクラスへと偽装する人たちが続出。これを熱湯に手を入れて火傷をしたらうそつきという神事を行い、偽装者をあぶり出そうとしました。熱湯に手を入れたら火傷するに決まっています。偽装している人の自白を促したのでしょう。

皇后の妹にひと目ぼれ

　即位の一件をふまえてみると、允恭天皇は皇后の忍坂大中姫に頭が上がらない雰囲気を感じます。しかしあろうことか允恭天皇は忍坂大中姫の妹が絶世の美人であることを知り妃に迎え入れようとします。妹の別名は衣通郎姫。その意味は「美しさが衣を通り抜けて光って見えるよう」だ。もちろん皇后は激怒。皇居（奈良県明日香村）どころか付近にも妹の立ち入りを許しません。困った天皇は茅渟宮（大阪府泉佐野市）に衣通郎姫を住まわせ、そこに通います。しかし、これも皇后にばれて怒られるのです。

茅渟宮跡。大阪府泉佐野市上之郷

大阪府

明日香村

茅渟宮

奈良県

10km

記紀最大の禁断の恋・衣通姫伝説

　允恭天皇の『日本書紀』における記述には、皇太子の木梨軽皇子のスキャンダルも記されています。皇太子に指名された木梨軽皇子は恋におちます。しかし、その相手はやはり允恭天皇の娘であり、同じ母をもつ軽大娘皇女でした。軽大娘皇女は叔母と同じく絶世の美女で、「衣通姫」とよばれていました。

　当時は異母であれば兄弟間の婚姻は認められていましたが、さすがに同母の兄弟間での婚姻は認められていません。ふたりは引き離され、木梨軽皇子は廃太子となります。皇太子の地位は弟に移り、弟は後に安康天皇となります。伝説によるとふたりは自害して果てたといいます。

盟神探湯神事

　奈良県明日香村にある甘樫坐神社で行われている儀式です。4月の第1日曜日に古式ゆかしく行われます。現在ではササの葉を使って盟神探湯の儀式が行われています。

明日香村教育委員会

劇団「時空」による盟神探湯の寸劇も行われ、当時の儀式を再現する。

津堂城山古墳

宮内庁は津堂城山古墳（→P210）を陵墓参考地に指定している。明治45（1912）年に後円部から巨大な石棺が発見されたからだ。宮内庁は急遽陵墓参考地に指定。歴史書の記述を照らし合わせると、ここが允恭天皇陵ではないかとの説がある。

177

墓山古墳エリア

墓山古墳を中心とするグループです。国道170号大
阪外環状線は4車線の交通量の多い道路ですが、こ
の道路を越えないように範囲を決めました。天皇陵
は含まれず、歴史的なスケール感に乏しいエリアで
すが、ほとんどの古墳が世界遺産に登録されていま
す。しかし一帯は入り組んだ市街地で風光明媚な場
所は乏しく、観光気分を味わうには厳しいエリアだ
といえます。

Hakayama Kofun Area

This group is centered on Hakayama Kofun. As National Route
170 is busy with four driving lanes, this area is divided from the
others to avoid crossing the Route. While the area includes no
Imperial Tomb and has fewer historical stories, most of kofun
here are registered as World Heritage Sites. As there are few
scenic points in the labyrinthine streets, it is not the best area to
enjoy sightseeing.

散策ガイド

近鉄南大阪線古市駅を起点として、
一周ぐるりと回るルートがいいで
しょう。古市駅のそばにレンタル自
転車のサービス拠点があるので、そ
こで自転車を借りて回るのがいちば
んお手軽でしょう。百舌鳥・古市古
墳群一帯には坂道がたくさんありま
す。このエリアもご多分にもれませ
ん。電動アシスト自転車のレンタル
をお勧めします。

Walking guide

Starting at Furuichi Station on the Kintetsu Railway
Minami-Osaka Line, walking around the area
is the best route. You can rent a bicycle at the
bicycle port near Furuichi Station. Like the other
areas of Mozu-Furuichi Kofun Group, there are
many hills on the way. A motor-assisted bicycle is
recommended.

古市古墳群 Furuichi Tombs

鉢塚古墳→P198

仲哀天皇陵古墳→P1

割塚古墳→P1

仲哀天皇陵古墳エリア → P192
Chuai-tenno-ryo Kofun Area

竹内街道

野々上古墳→P205

仁賢天皇陵古墳→P

白鳥陵古墳エリア → P108
Hakuchoryo Kofun Area

小口山古墳→P123

来目皇子埴生崗上墓→P134

500m

応神天皇陵古墳エリア  →P138
Ojin-tenno-ryo Kofun Area

大鳥塚古墳→P152

サンド山古墳→P157

誉田丸山古墳→P144

蕃所山古墳→P156

二ツ塚古墳→P145

応神天皇陵古墳→P140

170

茶山グラウンド
管理棟

37 はざみ山古墳 →P186
Hazamiyama Kofun

東山古墳→P154

野中宮山古墳 →P188
Nonakamiyayama Kofun

39 野中古墳 →P190
Nonaka Kofun

稲荷塚古墳→P204

うずこうや
東高野街道 170

38 墓山古墳 →P180
Hakayama Kofun

43 青山古墳 →P184
Aoyama Kofun

40 向墓山古墳 →P182
Mukohakayama Kofun

近鉄南大阪線
Minami Osaka Line

42 浄元寺山古墳 →P185
Joganjiyama Kofun

41 西馬塚古墳 →P183
Nishiumazuka Kofun

古市駅
Furuichi Sta.

LIC はびきの

古市駅前駐輪場

時とみどりの
交流館

170

ヶ塚古墳→P122

白鳥陵古墳→P110

170

179

清寧天皇陵古墳→P130

安閑天皇陵古墳→P124

セル
ラホール

38 墓山古墳 Hakayama Kofun

応神陵ほ号陪冢

37 はざみ山古墳 →P186
Hazamiyama Kofun

33-1 応神天皇陵古墳 →P140
Ojin-tenno-ryo Kofun

野中宮山古墳 →P188
Nonakamiyama Kofun

39 野中古墳 →P190
Nonaka Kofun

36 東山古墳 →P154
Higashiyama Kofun

42 浄元寺山古墳 →P185
Joganjiyama Kofun

38 墓山古墳
Hakayama Kofun

40 向墓山古墳 →P182
Mukohakayama Kofun

🌐 World Heritage Site

前方後円墳
'keyhole-shaped'
tumulus

5世紀前半 墳丘：長さ225m、高さ20.7m（後円部）
Second half- 5th century Mound: length 225m, hight 20.7m （round part）

羽曳野市

墓山古墳を中心に世界遺産の構成資産の古墳が多数ある。

古市古墳群

Furuichi Tombs

　宮内庁により応神天皇陵の陪冢とされていますが、巨大な前方後円墳なので独立した墳墓ではないかという説があります。その説を補強するように、墳墓には竪穴式石室があるとの伝承があります。3段に築造され、テラス部には埴輪列があるとのこと。

　後円部の先には羽曳野市役所があります。市役所の裏側に出ると、墓山古墳の後円部を見学できるスポットはすぐ。

　後円部に沿って南西に歩くと周濠部を埋め立てた墓地に出ます。墓山古墳の名前はこの墓地からつけられたのでしょうか。しかし第二次世界大戦後すぐに撮られた写真に、墓地は写っていません。

While this is designated as a satellite tomb of Ojin-tenno-ryo Kofun, there is a theory that it might be an independent tomb because it is a large keyhole-shaped kofun. According to a tradition, the tomb has a vertical stone chamber, which supports the theory. It was built in three tiers and there are rows of haniwa on the terrace. At the end of the round rear part, there is Habikino City Hall. From the back side of the City Hall, it is few steps away to the observation spot for the round rear part of Hakayama Kofun.

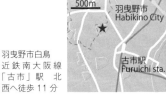

500m
羽曳野市
Habikino City
★
古市駅
Furuichi sta.

羽曳野市白鳥
近鉄 南大阪線
「古市」駅 北
西へ徒歩11分

市役所裏から見る後円部。このあたりは丘陵地の中でも低いところに位置しているので水は常時溜まっている。

向墓山古墳→P182

外堤

浄元寺山古墳→P185

レーザー測量図　Laser survey map

2重目の周濠があったとされるが、測量図を見るとその位置が確認できる。墳丘は美しい状態を保っている。

宮内庁立札 Imperial Household Agency Sign board

立札はないが石碑が立てられている。「応神天皇
え がのふじのおかのみささぎ
恵我藻伏 岡 陵倍塚　宮内庁」と読める。

40 向墓山古墳 Mukohakayama Kofun

応神陵に号陪冢

方墳
Square

World Heritage Site

5 世紀前半　墳丘：長さ 68m、高さ 10.7m
First half-5th century Mound:length 68m, hight 10.7m

羽曳野市役所からすぐ。台地の裾にあるのでたんなる台地の斜面のように見えてしまう。

宮内庁は応神天皇陵古墳の陪冢と指定していますが、墓山古墳の陪冢なのではと考えられている古墳です。墓山古墳の外堤と密着する形で存在するからです。墳丘は2段で周濠もありました。墳丘からは円筒埴輪などが出土しています。

墳丘の周りはきれいに整備されていて、南西の角にはベンチまで設置されています。ベンチから周囲を見回すと、この古墳が台地の端を利用して築造されたことがよくわかります。

While this kofun is designated as a satellite tomb of Ojin-tenno-ryo Kofun by the Imperial Household Agency, it is also assumed as a satellite tomb of Hakayama Kofun. That is because the kofun is adjacent to the outer bank of Hakayama Kofun. Its mound used to have two tiers and a moat. Cylindrical haniwa were found from the mound.

500m
羽曳野市
Habikino City

古市駅
Furuichi sta.

羽曳野市白鳥
近鉄南大阪線「古市」駅
北西に徒歩 10 分

182

41 西馬塚古墳 Nishiumazuka Kofun

応神陵は号陪冢

方墳
Square

世 **World Heritage Site**

5世紀後半　墳丘：長さ45m、高さ9.4m
Second half- 5th century Mound: length 45m, hight 9.4m

玄関を開けたら5秒で世界遺産。

民家と古墳を隔てるのは細い道のみ。無粋なフェンスなどはほとんどなく、墳丘に触ることすらできます。玄関先に世界遺産。

ここも向墓山古墳と同様、宮内庁により応神天皇陵の陪冢に指定されていますが、じつは墓山古墳の陪冢だと考えられています。

墳丘からは円筒埴輪や須恵器などが出土しています。発掘調査の結果、かつては幅7mの濠があったことが確認されています。かなり大型の方墳だったようです。

There is only a narrow street between this kofun and private houses. Its mound even can be touched without an ugly fence. It is a World Heritage Site in front of the front door.

The same as Mukohakayama Kofun, while it is designated as a satellite tomb of Ojin-tenno-ryo Kofun by the Imperial Household Agency, it is thought to be a satellite tomb of Hakayama Kofun.

羽曳野市白鳥
近鉄南大阪線「古市」駅
北西に徒歩8分

43 青山古墳 Aoyama Kofun

円墳
Round

5世紀中ごろ　墳丘：直径72m、高さ10m
Mid- 5th century Mound:diameter 72m, hight 10m

🌐 **World Heritage Site**

車道から見るとどこか荒れた印象だが、その反対側から見るとその名にふさわしい綺麗な古墳。

　古市古墳群最大級の円墳です。しかも円墳なのに造り出しがついています。さらにこの古墳には周濠が現存しており、一部では水をたたえています。円墳で周濠が現存している古墳は大変珍しいものです。周濠の一部を発掘調査した際、円筒埴輪や馬や人形の形象埴輪が見つかっています。青山古墳の周辺に多数の古墳があったことが発掘調査の結果わかりました。これらは「青山古墳群」といいます。全部で7基ありましたが、現在は青山古墳1基が残るのみ。

This is the largest round kofun among Furuichi Kofun Group. Unlike the other round kofun, it has a projection. Also, this kofun has a moat partially filled with water. An exiting moat of a round kofun is very rare. Cylindrical haniwa and representational haniwa, such as horse- and human-shaped, were unearthed from the moat during an excavation.

藤井寺市青山
近鉄南大阪線「古市」駅
西に徒歩14分

42 浄元寺山古墳 Joganjiyama Kofun

方墳
Square

5世紀前半　墳丘：長さ67m、高さ9.7m
First half-5th century Mound:length 67m, hight 9.7m

青山1丁目児童遊園から望む。遊具とあいまって平穏な風景。

　墓山古墳（→ P180）の外堤に接する形で存在する方墳です。墓山古墳の陪冢と考えられています。墳丘は2段で葺石が見られ、埴輪も見つかっています。墳丘の状態は比較的よく、樹木もさほど茂っていないので、2段に築造されていることが今も肉眼で確認できます。墳丘が段状に築かれていることがよくわかるので、ここを訪れて、そのイメージをつかむことをお勧めします。段と段の間の平らな部分（テラス）に埴輪が並べられることが多いです。

This square kofun is adjacent to the outer bank of Hakayama Kofun(→ P180) and considered to be a satellite tomb of it. Haniwa were found from the two-tiered mound covered with fuki-ishi. The condition of the mound is relatively well and the shape of tiers still can be seen through the scattered trees.

藤井寺市青山
近鉄南大阪線古市駅より北西に徒歩14分

37 はざみ山古墳 Hazamiyama Kofun

前方後円墳 'keyhole-shaped' tumulus

World Heritage Site

5世紀前半　墳丘：長さ103m、高さ9.5m（後円部）
First half-5th century Mound:length 103m, hight 9.5m (round part)

藤井寺市

後円部の一部が埋め立てられている。この部分は私有地だったが現在では公共地となっている。

　3段に築造され、墳丘からは円筒埴輪などが出土しています。周濠の一部は埋め立てられていますが、古い写真を見ても現在と同じ状態で、農地として利用されたのだと思われます。周濠の形が和ばさみに似ているからこの名がついたといわれています。

　周濠だったところの外縁にはフェンスがあり墳丘へは立ち入れません。しかしかつては自由に立ち入れたようで、昭和初期には墳丘から土が持ち出されました。その際、後円部から石棺が掘り出されたと伝えられています。ぞんざいな扱いを受けてきた古墳ですが、大阪外環状線（国道170号線）を造る際には、この古墳を避けて工事が行われました。

Cylindrical haniwa were found from its three-tiered mound. An old photo shows that a part of the moat was filled in, the same as the present appearance. It might have been reclaimed for farming. Now there is a fence outside the filled moat and no one is allowed to step into the mound. The mound, however, used to be open to the public before and some earth was taken out. A stone coffin was reportedly unearthed from the round rear part at the time.

藤井寺市野中
近鉄南大阪線
「古市」駅　北西
へ徒歩20分

500m　藤井寺市 Fujiidera City
★
古市駅 Furuichi sta.

古市古墳群 Furuichi Tombs

墳丘の状態はあまりよくないことが外から見てもわかる。

レーザー測量図　Laser survey map

後円部の一部がざっくり削り取られているのがよくわかる。戦後の開発ブームのとき、建材としての土が大量に必要になったので、手軽な採取地としてここが選ばれたのであろう。データをよく見ると、後円部の頂上はへこんでいることが確認できる。石棺を掘り出した跡だろう。

はざみ山遺跡

藤井寺市

はざみ山遺跡とも。大阪外環状線（国道170号線）を建設するときに発見された遺跡。調査を進めるうちにこの遺跡が飛鳥、奈良、平安時代、さらには鎌倉、室町時代までの痕跡を残していることがわかった。遺跡は調査の後、埋め戻されている。

野中宮山古墳 Nonakamiyayama Kofun

前方後円墳
'keyhole-shaped'
tumulus

4世紀後半 墳丘：長さ154m、高さ不明
Second half- 4th century Mound: length 154m, hight unknown

藤井寺市

前方部の一部は幼稚園、後円部の頂上には神社があるがそれ以外のエリアは立ち入ることができる。

　墳丘は3段、葺石と円筒埴輪列の存在が確認されています。周濠部も現存していますが、その半分は陸地となっています。かなりの部分が改変されていますが、ここも貴重な登れる前方後円墳なのでぜひ登りましょう。

　後円部には神社があり、さらに前方部の一部は削り取られて幼稚園の敷地となっています。幼稚園がある場所にはかつて寺があったといいます。

　埋め立てられた周濠の部分の一部は、野中宮山児童公園として整備されていて、まるで墳丘を含めて全体が公園のようです。前方部にはベンチもあり、子供たちが遊ぶ公園の一角で、古墳巡りで疲れた体を癒すことができます。

Fuki-ishi and cylindrical haniwa were found from its three-tiered mound. Part of the moat, half of which is now filled in, still remains. Although most part of it was altered, you should climb up because it is a rare keyhole-shaped kofun that can be climbed up.
Nonakamiyayama Kofun is famous for its cherry blossoms. You can enjoy its beautiful scenery also in the evening with paper lanterns lit during the season.

500m　藤井寺市
Fujiidera City

藤井寺市野中
近鉄南大阪線
「古市」駅 北西
へ徒歩15分

古市駅
Furuichi sta.

188

前方部から後円部を望む。後円部には野中神社が鎮座する。かつて応神天皇陵古墳においてもこのような姿が見られたのか。後円部の頂上に社をおくことは全国の古墳でも見られる。

レーザー測量図 Laser survey map

激しい改変を受けて墳丘部は築造時の姿をとどめていない。前方部の墳丘の破壊はかなり前に行われていて、明治時代までそこに寺があった。

桜の名所

藤井寺市

野中宮山古墳は桜の名所として知られる。シーズンになるとぼんぼりが灯され、夜桜も楽しめる。

189

39 野中古墳 Nonaka Kofun

🌐 **World Heritage Site**

方墳
Square

5世紀後半　墳丘：長さ37m、高さ5m
Second half- 5th century Mound: length 37m, hight 5m

残土を積み上げた小山にしか見えない。よくぞこんな姿でも残ってくれた。

墓山古墳（→ P180）の陪冢だと考えられています。もともとは方墳でしたが、現在は雑に積み上げられた小山にしか見えません。しかし、昭和39（1964）年に行われた発掘調査で墳丘の頂上から木棺が発見されました。木棺の中には鉄製の冑や刀剣、矢じりなどの武器、鍬や鎌、斧などの農機具が大量に発見されました。主要な遺物だけでなんと291点。まさに宝の山だったのです。これらは重要文化財に指定されています。

This is considered to be a satellite tomb of Hakayam Kofun(→ P180). While it is originally a square kofun, merely looks a roughly piled hillock now. The excavation of the top of the mound conducted in 1964 found wooden coffins, which contained a large number of items including iron helmets, swords, arrowheads, plows, sickles and axes

藤井寺市野中
近鉄南大阪線「古市」駅
北西へ徒歩13分

古市古墳群
Furuichi Tombs

190

高架下の古墳：赤面山古墳

There is a 22m-long square kofun under an elevated highway. It is thought to be constructed in the early 5th century. The pillars of the bridge stand without disturbing the kofun. It is certainly worth seeing the fusion of ancient and modern structures.

西名阪自動車道の高架したにある赤面山古墳。わざわざ金属製の桁をかけて柱と柱の距離をかせぎ、古墳へのダメージを避けている。

　長さ約22mの方墳が自動車道の高架下にあります。5世前半の築造とされています。破壊されることもなく、橋脚も古墳を避けるようにして建っています。古代と現代の建造物が融合したその風景は一見の価値があります。現地に行くと自動車道に沿って走る側道も古墳をよけていることがわかります。

百舌鳥・古市古墳群中の珍風景といえばこの古墳だろう。現代の技術者たちの、古代の技術者たちに対する敬意すら感じる柱の配置と上部構造。

平成28（2016）年の調査により円筒埴輪が2基見つかった。この埴輪は大鳥塚古墳（→P152）で見つかったものと似ていた。

藤井寺市古室
近鉄南大阪線「土師ノ里」
駅　北西へ徒歩15分

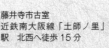

500m　土師ノ里駅
Hajinosato sta.
藤井寺市
Fujiidera City
道明寺駅
Doumyouji sta.

高鷲駅
Takawashi Sta.

近鉄南大阪線
Minami Osaka Line

藤井寺駅
Fujiidera Sta.

ゆめぷらざ

仲哀天皇陵古墳エリア

仲哀天皇陵古墳を中心とするエリアです。世界遺産の古墳は2つしか含まれていません。藤井寺駅から南に歩いて仁賢天皇陵古墳に至るというエリアです。一帯は住宅街ですが仁賢天皇陵古墳あたりには貯水池が多数あり、開けた景色が見られるようになります。

Chuai-tenno-ryo Kofun Area

This area is centered on Chuai-tenno-ryo Kofun. The area includes only two kofun of World Heritage. The route is from Fujiidera Station southward to Osaka outer loop road. While most of the area is residential, there are many reservoirs around Ninken-tenno-ryo Kofun which provides panoramic views.

散策ガイド

仲哀天皇陵古墳だけを見たい人は、近鉄南大阪線藤井寺駅から歩いて仲哀天皇陵古墳を目ざしましょう。15分ほどで到着できます。
仁賢天皇陵古墳まで行くなら、歩くと30分以上はかかります。レンタル自転車か歩きやすい靴を履いて出かけましょう。途中、アイセルシュラホールで休憩をとるのもいいでしょう。

Walking guide

To see only Chuai-tenno-ryo Kofun, head for the kofun from Fujiidera Station on the Kintetsu Railway Minami-Osaka Line. It takes about 15 minutes.
To as far as Ninken-tenno-ryo Kofun, it takes more than 30 minutes by foot. Be sure to ware walking shoes. You can take a break at AICEL-Shura Hall on the way.

24 鉢塚古墳 → P198
Hachizuka Kofun

アイセル
シュラ

23 仲哀天皇陵古墳 → P194
Chuai-tenno-ryo Kofun

割塚古墳 → P199
Warizuka Kofun

野中寺→ P206

ヒチンジョ池西古墳石槨 → P207
Hichinjoike Nishi Kofun Sekkaku

稲荷塚古墳 → P20
Inarizuka Kofun

野々上古墳 → P205
Nonoue Kofun

仁賢天皇陵古墳 → P200
Ninken-tenno-ryo Kofun

LIC はびきの

500m

時とみどりの
交流館

古市古墳群　Furuichi Tombs

ゆめぷらざ
藤井寺市観光案内所。観光案内のほかに古墳グッズなどのお土産も揃える。

松川塚古墳→P172

仲姫命陵古墳→P160

古室山古墳→P164

八島塚古墳→P168

助太山古墳→P166

中山塚古墳→P167

大鳥塚古墳→P152

サンド山古墳→P157

誉田丸山古墳→P144

蕃所山古墳→P156

三ツ塚古墳→P145

応神天皇陵古墳→P140

東馬塚古墳→P150

栗塚古墳→P151

東山古墳→P154

はざみ山古墳→P186

野中宮山古墳→P188

野中古墳→P190

墓山古墳→P180

青山古墳→P184

向墓山古墳→P182

浄元寺山古墳→P185

西馬塚古墳→P183

土師ノ里駅駐輪場

土師ノ里駅
Hajinosato Sta.

茶山グラウンド
管理棟

170

170

近鉄南大阪線
Minami Osaka Line

ひがしこうや
東高野街道

応神天皇陵古墳エリア → P138
Ojin-tenno-ryo Kofun Area

墓山古墳エリア → P178
Hakayama Kofun Area

古市駅
Furuichi Sta.

古市駅前駐輪場

たけのうち
竹内街道

23 仲哀天皇陵古墳 Chuai-tenno-ryo Kofun

恵我長野西 陵
岡ミサンザイ古墳

前方後円墳
'keyhole-shaped' tumulus

世 World Heritage Site

5世紀後半　墳丘：長さ245m、高さ19.5m（後円部）
Second half- 5th century Mound: length 245m, hight 19.5m (round part)

拝所
Place of worship

藤井寺市

城として使われた歴史をもつので墳丘は改変されている。中央部の盛り上がりはその名残。

　宮内庁により14代仲哀天皇の陵墓に指定されています。室町時代より城として使われていた歴史をもちます。一重の堤の上からは円筒埴輪、墳丘からは円筒埴輪列や形象埴輪が出土しています。堤の外側に幅35mの「周庭帯」（→P212）がありました。

　仲哀天皇陵古墳は外堤のすぐ脇に沿って小道があり、ほぼ一周ぐるりと歩くことができます。外堤はさほど高くなく墳丘をよく見学できます。

　拝所にはその周回小道を歩いていくと、なんなくたどり着くことができます。拝所からの風景は人工物などが視界にほぼ入らず気持ちのよい景色です。

This kofun is designated as the tomb of the 14th emperor, Emperor Chuai, by the Imperial Household Agency. It used to be used as a fortress during the Muromachi period (1336 - 1573). Rows of cylindrical and representational haniwa were unearthed from the mound, and cylindrical haniwa were found on the bank. You can walk all around Chuai-tenno-ryo Kofun on the path along the outer bank. Its mound can be observed well thanks to the rather low outer bank.

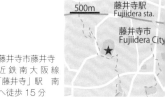

500m　藤井寺駅
Fujiidera sta.

藤井寺市
Fujiidera City

藤井寺市藤井寺
近鉄南大阪線
「藤井寺」駅　南
へ徒歩15分

拝所に沿って走る小道からの風景。外堤越しに見る墳墓は美しい。柵はコンクリート製だが、赤さびた金網よりは悪くない。

レーザー測量図　Laser survey map

墳丘中央部が改変されているのが見てとれる。築造当時は３段であったものを改造。造り出しのように見えるくびれ部から突出した部分も、城として改変されたときに付け加えられたとの説がある。後円部に本丸が築かれたとされている。

宮内庁立札
Imperial Household Agency Sign board

御陵印　Imperial tomb stamp

仲哀天皇

恵我長

野西陵

仲哀天皇 14代天皇

皇居：不明
在位期間：仲哀天皇元年（西暦192）1月11日〜同9年（200）2月6日
先代：成務天皇／**次代**：応神天皇（P146）
父：日本武尊（P114）／**母**：両道入姫命／**皇后**：神功皇后
子女：応神天皇、麛坂皇子、忍熊皇子、誉屋別皇子

熊襲討伐に奔走

　『日本書紀』には仲哀天皇の皇居の場所が記されていません。記されているのは行宮のみです。行宮とは出張先のようなもの。『日本書紀』では山口県下関市、福岡県福岡市に滞在したとあります。『日本書紀』に記されたことすべてが事実だとは考えにくいのですが、当時の執筆者が言いたかったことはわかります。このときまだ大和朝廷は動乱期にあったということでしょう。朝廷に従わない集団を仲哀天皇は討伐して回ったのでしょう。その集団最大の強敵が熊襲だったのだと考えられます。熊襲とは九州西南部を中心にその一帯を支配した人々のこと。父・日本武尊が征伐した後も反乱が続いていたことがうかがえます。

九州で戦死

　仲哀天皇は、九州で熊襲が反乱を起こしたことを知り出兵を決意します。そして皇后の神功皇后をともなって九州へ出兵します。このとき神功皇后は神がかり、仲哀天皇に「熊襲を攻めるより、海を渡って新羅と戦え」と宣託します。しかし、仲哀天皇はこの神のお告げを無視し、熊襲討伐を実行し敗走。そして崩御してしまいます。一説には熊襲の矢に当たったともされます。

曽木忠幸

山口県下関市長府侍町1丁目。仲哀天皇殯斂地。仲哀天皇はここにいったん埋葬された。

196

夫・仲哀天皇より記述の多い、妻・神功皇后の英雄譚

　『日本書紀』における仲哀天皇の存在は、「英雄・神功皇后の夫」という程度の扱いです。神の託宣（たくせん）を無視して崩御した夫の代わりに、神功皇后はまず熊襲を征伐します。これにより大和朝廷は九州全域を支配下に収めます。そして神託どおりに海を渡り、新羅・百済（くだら）・高麗（こうらい）の3つの国を「征伐」してしまうのです。海を渡る前すでに神功皇后は応神天皇を宿し、しかも臨月の状態でした。戦争のさなかに出産は出来ないとおなかに石を巻いて出産を3か月も遅らせたといいます。異国での戦に勝ち、無事九州で応神天皇を出産。まさに英雄です。

仲哀天皇の別の妃の子を殺す

　応神天皇には2人の兄がいました。この二人は神功皇后の子ではありません。皇后はこの愛する我が子の即位を邪魔する存在を兵団をもって殺害。暗殺という手段をとらないところが神功皇后らしいです。

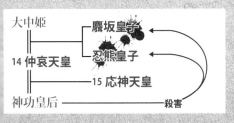

奈良県奈良市山陵町字宮ノ谷。五社神古墳（ごしゃし）が神功皇后の墓とされる。

24 鉢塚古墳 Hachizuka Kofun

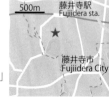

World Heritage Site

前方後円墳
`keyhole-shaped` tumulus

5世紀後半　墳丘：長さ60m、高さ6.5m
Second half- 5th century Mound: length 60m, hight 6.5m

ミニ前方後円墳。かつて周濠であった部分は幼稚園の敷地になっている。

　考古学者は鉢塚古墳を仲哀天皇陵古墳の陪冢と考えていますが、宮内庁は単独墳だとしています。墳丘の長さ60mと小規模な前方後円墳です。かつて周濠があったことがわかっています。埋葬施設の有無については、わかっていません。

　住宅地に囲まれていてわかりにくいのですが、墳丘へと続く道があり、登れる前方後円墳なので登ってみましょう。表土は崩れていますが、それでも前方後円墳の特徴である2つのピークは現存しています。

While archaeologists believe this kofun to be a satellite tomb of Chuai-tenno-ryo Kofun, the Imperial Household Agency considers it independent. It is a small keyhole-shaped kofun with the length of 60 meters. There used to be a moat. The presence of burial facility is still unknown.

藤井寺市藤井寺
近鉄南大阪線「藤井寺」
駅　南へ徒歩9分

500m　藤井寺駅　Fujidera sta.
藤井寺市　Fujiidera City

割塚古墳 Warizuka Kofun

方墳
Square

4世紀後半　墳丘：長さ30m、高さ不明
Second half- 4th century Mound: length 30m, hight unknown

駐車場の敷地の奥にある。一見しただけでは古墳に見えない外観。

　墳丘表土から円筒埴輪が出土していま
す。割塚古墳の北側に岡古墳という長さ
33mの古墳がありました。古い写真を見
るとこの岡古墳と割塚古墳の間に1本の道
路が走っていて、まるで1つの古墳を割っ
たように見えます。これが割塚古墳の名の
由来だと考えられています。

　考古学者は割塚古墳と仲哀天皇陵古墳の
完成した時代が違うと考えています。一見
陪冢のような位置にありますが、独立した
墳丘であると考えられています。

Cylindrical haniwa were excavated from the surface of the
mound. There used to be a 33m-long kofun called Oka
Kofun in the north of Warizuka Kofun. Old photos show
a road between these two kofun, which seems to divide
one single kofun. It is thought to be an origin of its name,
literally meaning "to divide a mound."

500m　藤井寺駅
Fujiidera sta.

藤井寺市
Fujiidera City

藤井寺市藤井寺
近鉄南大阪線「藤井寺」
駅　南へ徒歩15分

仁賢天皇陵古墳 Ninken-tenno-ryo Kofun：
the Mausoleum of Emperor Ninken

埴生坂本陵
(はにゅうのさかもとのみささぎ)
ボケ山古墳、野中ボケ山古墳
(のなか)

前方後円墳
'keyhole-shaped' tumulus

6世紀前半　墳丘：長さ 122m、高さ不明
First half-6th century Mound:length 122m, hight unknown

拝所
Place of worship

藤井寺市

周濠は左右非対称。写真右側が広くなっている。また右側に造り出しが見える。
(しゅうごう)

古市古墳群
Furuichi Tombs

　24代仁賢天皇の陵墓として宮内庁が指定している前方後円墳です。外堤を調査したとき、円筒埴輪列が発見されています。また墳丘の調査の際には葺石の数がとても少なかったことが報告されています。時代とともに墳丘に石を敷き詰めるという作業は省略されたとの説があります。
(はにわ)(えんとう)(ふきいし)

　拝所に至る道は車道から斜めに入って行く道です。目印は「仁賢天皇埴生坂本陵」と掘られた石碑。拝所へと続く道は緩やかに下る坂道になっています。仁賢天皇陵がやや低地に築かれたことがわかります。拝所からは墳丘に向かって左側の土地が一段低くなっていることも見てとれます。
(はいじょ)(にんけんてんのうりょう うのさかもとのみささぎ)

This keyhole-shaped kofun is designated by the Imperial Household Agency as the tomb of the 24th emperor, Emperor Ninken. A excavation of the outer bank found rows of cylindrical haniwa. The research of the mound reported that there were very few fuki-ishi. There is a theory that paving works of the mound with fuki-ishi was reduced over time.

500m　藤井寺駅
Fujiidera sta.

藤井寺市
Fujiidera City

藤井寺市青山
近鉄南大阪線「藤井寺」駅　南東へ
徒歩30分

一帯には貯水池がたくさんある。丘陵地の中の低いエリアだからであろう。丘陵地は水はけがよすぎ、農地として開墾する場合、溜池がセットで造られることが多い。農地はずいぶんと減ったが、溜池はまだ健在である。

レーザー測量図　Laser survey map

古墳時代ももう後期である。前方部が幅広の終末期のスタイル。墳丘は2段。わが身の偉業を象徴するかのように巨大に、そして凝った造りにとエネルギーを注ぎ込んで築造した時代が終わりつつある。

宮内庁立札
Imperial Household Agency Sign board

御陵印 Imperial tomb stamp

仁賢
天皇埴生
坂本陵

仁賢天皇 24代天皇

皇居：石上広高宮（奈良県天理市）
在位期間：仁賢天皇元年（西暦488）1月5日〜同11年（498）8月8日
先代：顕宗天皇／**次代**：武烈天皇
父：磐坂市辺押磐皇子／**母**：荑媛／**皇后**：春日大娘皇女
子女：高橋大娘皇女、朝嬬皇女、手白香皇女、橘皇女、武烈天皇、春日山田皇女ほか

身分を隠して生き延びる

　清寧天皇（→ P132）が見つけた兄弟皇子のうちのひとりが仁賢天皇です。父、市辺押磐皇子は履中天皇（→ P58）の第1皇子でした。雄略天皇（→ P216）は同じ母を持つ20代安康天皇が暗殺されたことをきっかけに、暗殺の動機があると考えた皇位継承可能な男性を殺害し続けます。そのなかに当然、市辺押磐皇子も含まれていました。

　父親が殺されたふたりの少年は自分たちも殺されると考えました。ふたりは皇位を継承できたからです。ふたりは丹波国（京都府）の日本海側まで逃げ、そして播磨国（兵庫県）に隠れ住むようになりました。ふたりは洞窟に住み、家畜の飼育をするという仕事をして生き延びていくのです。

父親を雄略天皇に殺される

　雄略天皇は市辺押磐皇子を狩りに誘い出します。そして市辺押磐皇子がいるあたりにイノシシがいると偽って、矢を射かけます。矢に当たった市辺押磐皇子は死亡します。矢が刺さって死亡した市辺押磐皇子の遺体にすがりついて泣く彼の部下も雄略天皇は殺し、まとめて穴に埋めてしまいます。雄略天皇の市辺押磐皇子に対する強い憎悪を物語るエピソードです。

202

弟に皇位を譲る

志染の石室（兵庫県三木市）。仁賢天皇と顕宗天皇が隠れ住んだ岩室との伝説がある。

ふたりは家畜を飼育する仕事をし、身分を隠していましたがある宴の場で、弟が自分はじつは皇子なのですと告白します。

その出来事は清寧天皇の耳に届き、喜んでふたりを宮中に招き入れました。清寧天皇は兄の億計王（後の仁賢天皇）を皇太子に指名します。しかし清寧天皇が崩御した後、兄は弟の弘計王に皇位を譲りました。身分を明かしたのは弟だったからだという理由です。弟が顕宗天皇としてが先に皇位に就いたのにはこういった理由がありました。

雄略天皇の娘を后に

天皇になった弟は兄にこう言います。「父を殺害した雄略天皇の墓を暴き、復讐しましょう」と。兄の仁賢は「自分ひとりで行ってくるよ」と弟に伝え出かけます。帰ってきた仁賢の手のひらにはひとつかみの土が乗っていました。「それだけですか？」と昂ぶる弟に仁賢はこう言ったといいます。

「雄略天皇はわたしたちを救ってくれた清寧天皇の父君なのですよ。大恩のある方の父君に辱めを与えていいのですか」と。

この伝承を補強する出来事が『日本書紀』に記されています。仁賢天皇の后、春日大娘皇女は、自分の父を殺害した雄略天皇の娘なのです。同時に彼女は清寧天皇の妹でした。これは父を殺した雄略天皇に対する憎しみよりも、自分たちを温かく迎え入れてくれた清寧天皇に対する強い想いを感じます。

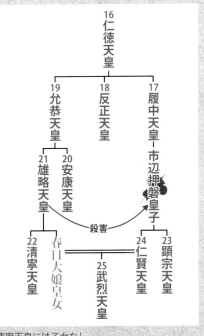

清寧天皇には子女なし。

203

稲荷塚古墳 Inarizuka Kofun

5世紀後半　墳丘：長さ50m、高さ不明
Second half- 5th century Mound: length 50m, hight unknown

墳丘は削られ原形をとどめていないが、帆立貝形墳であった。

　宅地開発が昨今急激に進み、住宅街の中にぽつりと取り残された感のある帆立貝形墳。現状では円墳に見えます。

　開発に先立って行われた発掘調査で帆立貝形だとわかりました。またこのとき幅5mの周濠も確認され、埴輪のかけらも出土しました。

　かつては畑の中にあった古墳でした。今は墳丘間近まで民家が迫ってきていて、なんだか窮屈そうに見えます。ここもまた、四方を住宅地で取り囲まれるのでしょうか。

This scallop-shaped kofun is left out in the middle of the residential area rapidly developed recently. It looks like a round kofun now. The excavation conducted shortly before the residential development found that it was originally scallop-shaped. Also, a 5m-wide moat and fragments of haniwa were found.

藤井寺市野中
近鉄南大阪線「藤井寺」駅
南へ徒歩25分

野々上古墳 Nonoue Kofun

二賢陵い号陪冢

4 世紀後半　墳丘：長さ 20m、高さ不明
Second half- 4th century Mound: length 20m, hight unknown

方墳
Square

宮内庁による天皇陵の陪冢を示す石柱もない。なんだこれはと不思議に思う人多数だと思う。

　宮内庁により仁賢天皇陵の陪冢として指定されています。しかしそれを示す石碑や案内板もなく、ただフェンスに設置された「立入禁止　宮内庁」という看板だけが、ここが宮内庁の管理区域であることを示しています。

　野々上古墳の周辺で行われた工事の際に、埴輪が出土しています。この埴輪の製造年は 4 世紀後半でした。

　三方は住宅に囲まれていますが一方は道路に面しているのでそこから見学できます。

This kofun is designated as a satellite tomb of Ninken-tenno-ryo Kofun by the Imperial Household Agency. There is no monument or guide board here, and only the "No Littering" sign can tell that this is the area maintained by the Imperial Household Agency. During the construction around Nonoue Kofun, haniwa were unearthed. The haniwa were supposedly made in the late 4th century.

羽曳野市野々上
近鉄南大阪線「藤井寺」駅
南へ徒歩 25 分

205

野中寺　ほのかに香る飛鳥

There is a historic old temple called Yachuji between Chuai-tenno-ryo and Ninken-tenno-ryo. This temple is said to be founded by Soga-no-Umako with the order from Prince Shotoku. It has remains of Asuka Period, such as the foundation stones of pagoda and main hall, and those are designated national historic sites. The atmosphere of the temple reminds of the old temples in Asuka Region in Nara, which shows the strong connection between Furuichi Kofun Group and Asuka.

古市古墳群 Furuichi Tombs

　仲哀天皇陵古墳と仁賢天皇陵古墳の間に、野中寺という古刹があります。野中寺は聖徳太子が蘇我馬子に命じて造らせた寺と伝えられています。境内に残る塔や金堂の礎石など飛鳥時代の遺物があり、これらは国指定の史跡となっています。

　境内の雰囲気はどこか奈良県飛鳥地方の古刹に似ていて、古市古墳群一帯が飛鳥と強いつながりがあったことを感じさせてくれます。

本堂

本堂。江戸期に再建されたもの。創建時の本堂は南北朝時代に焼失している。毎月18日の午前9時30分から午後4時まで、重要文化財の白鳳期の金銅弥勒菩薩半跏像、同じく重要文化財の平安中期の木造地蔵菩薩立像が拝観できる。

塔跡

野中寺は創建当時、塔を備える壮大な伽藍であった。塔の中心礎石の大きさは地中に2mほどもある巨石であることがわかり、その大きさから五重塔であったとの説がある。

ヒチンジョ池西古墳石槨。ヒチンジョ池西古墳とは来目皇子埴生岡上墓（→P134）の西にあった古墳。この古墳が開墾のために掘り起こされた際、出土した石槨が野中寺境内に保管されている。石槨は凝灰岩を精巧に組み合わせて造られている。内部からは漆が見つかっていることから、漆塗りの木棺が安置されていたのだと考えられている。

中心礎石。石の形に合わせてカメの文様が刻まれている。頭だけではなく足の線刻もある。どこかこの遺跡も飛鳥を想起させる。

羽曳野市野々上
近鉄南大阪線「藤井寺」駅より「野々上」バス停下車

津堂城山古墳エリア

世界遺産の津堂城山古墳を中心とするエリアで古市古墳群の最北端に位置します。一帯は羽曳野丘陵が終わる箇所に位置しているので、比較的平坦な場所です。住宅地が密集しているというのは他のエリアと同じですが、農耕地が比較的多く見受けられ、ややのどかな雰囲気があります。しかし、駅から最も遠い古墳が世界遺産の津堂城山古墳なので、気軽に立ち寄るという感じではなく、しっかりと歩く準備をして散策するというエリアになります。

Tsudoshiroyama Kofun Area

This area is centered on Tsudo-shiroyama Kofun registered as a World Heritage Site, and is located in the most northern part of Furuichi Kofun Group. On the end of Habikino Hills, the area is relatively flat. While the area is crowded with private houses like the other areas, it is rather tranquil as quite a few farmlands can be seen. Because Tsudo-shiroyama Kofun is the farthest kofun from a station, you should prepare for a long-walking in this area.

史跡城山古墳ガイダンス棟
「まほらしろやま」

津堂城山古墳について解説する展示施設。津堂城山古墳で出土した埴輪や土器なども展示。トイレもある。

藤井寺市小山6丁目5番6号
午前10時から午後5時まで
無料
休館日は要問い合わせ

河内大塚山古墳→ P102

恵我ノ荘駅
Eganosho Sta.

散策ガイド

近鉄南大阪線藤井寺駅を起点として、まずは津堂城山古墳を目ざすといいでしょう。津堂城山古墳は公園化されているので、ここでゆっくりと休養できます。帰りに雄略天皇陵古墳などを見て、近鉄南大阪線高鷲駅を目ざすというルートが考えられます。

Walking guide

The best walking way is starting at Fujiidera Station on the Kintetsu Railway Osaka-Minami Line and heading for Tsudo-shiroyama Kofun first. You can take a break at Tsudo-shiroyama Kofun because it is developed as a park. After that, you may want to visit Yuryaku-tenno-ryo Kofun and come back to Takawashi Station on the Kintetsu Railway Minami-Osaka Line.

500m

大和川

まほらしろやま

●まほらしろやま

22 津堂城山古墳 → P210
Tsudoshiroyama Kofun

隼人塚古墳 → P213
Hayatozuka Kofun

雄略天皇陵古墳（島泉丸山古墳）→ P214
Yuryaku-tenno-ryo Kofun(Shimaizumi-maruyama Kofun)

ながお
長尾街道

雄略天皇陵古墳（島泉平塚古墳）→ P214
Yuryaku-tenno-ryo Kofun(Shimaizumi-hiratsuka Kofun)

南陵の森総合センター

近鉄南大阪線
Minami Osaka Line

高鷲駅
Takawashi Sta.

藤井寺駅
Fujiidera Sta.

ゆめぷらざ

仲哀天皇陵古墳エリア → P192
Chuai-tenno-ryo Kofun Area

鉢塚古墳→ P198

仲哀天皇陵古墳→ P194

アイセル
シュラホール

22 津堂城山古墳 Tsudo-shiroyama Kofun

允恭天皇藤井寺陵墓参考地

🌐 **World Heritage Site**

前方後円墳
'keyhole-shaped'
tumulus

4世紀後半　墳丘：長さ 210m、高さ 16.9m（後円部）
Second half- 4th century Mound: length 210m, hight 16.9m (round part)

This is considered to be the oldest keyhole-shaped kofun in Furuichi Kofun Group. It was being used as a castle since Muromachi Period (1336 ~ 1573) and Miyoshi clan built their fortress during Sengoku Period (1467 ~ 1568). Although it had been considered as castle ruins instead of a kofun for a long time, a large stone coffin was unearthed from the round rear part in 1912. A great deal of rare grave goods including mirrors were also found.

Mahora-Shiroyama

まほらしろやま
(→ P208)

藤井寺市

長らく古墳として認識されていなかったほど破壊を受けた外観。

　古市古墳群の中でいちばん古いとされる前方後円墳です。その名のとおり、室町時代から城として利用され、戦国時代には三好氏が城を築きました。長い間、古墳というより城跡として認識されていましたが、明治45（1912）年に後円部から大型石棺が出土。鏡などの貴重な副葬品も大量に出土したので、宮内庁は後円部の一部を陵墓参考地に指定しました。

　現在は土地の公有化も進み、出土物を展示する「まほらしろやま」が設置され、墳丘周辺は公園のように整備されました。かつて城だった古墳は、季節に応じて花々が咲き乱れる美しい観光スポットとして生まれ変わりました。

The excavated artifacts are now displayed a the Mahora-Shiroyama museum in the site o the mound developed as a park. The kofu that used to be a castle now has become scenic tourist spot with various flowers of th seasons.

藤井寺市野中
近鉄南大阪線
「藤井寺」駅
北へ徒歩 20 分

500m　★

藤井寺市
Fujiidera City

藤井寺駅
Fujiidera sta.

古市古墳群

Furuichi Tombs

柵の向こうが宮内庁が管理しているエリア。ここから石棺や銅鏡、鉄製の武器、装身具などが出土した。石棺は埋め戻されたが石棺のレプリカは「まほろしろやま」で展示している。

昭和55（1980）年の調査で出土した「衣蓋形埴輪」。出土した場所は東側の濠だ。「衣蓋」とは身分の高い人の頭上に差しかけられる傘のこと。埋葬者の身分の高さがうかがい知れる。

3羽の水鳥の姿をした埴輪も一度に出土した。

濠の中から島が発見された。これを島状遺構という。反対側の濠を調査するとそこにも島状遺構があった。3羽の水鳥形埴輪はこの島の上に並べられていた。

周庭帯

出典・国土地理院

昭和23（1948）年にアメリカ軍が撮影した津堂城山古墳。周濠と周庭帯の形がはっきりと確認できる。

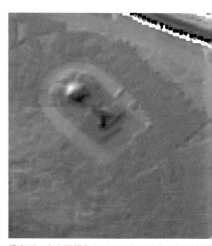

標高データを可視化してみると、現在でも周庭帯が盛り上がっていることが確認できる。

0　　　　　　　1：5000　　　　　300m

発掘調査の結果明らかとなった津堂城山古墳の全容。周庭帯といちばん内側の濠に島状遺構があるという特異な姿をしていた。島状遺構は百舌鳥・古市古墳では確認されていないが、なぜか群馬県の八幡塚古墳や、岡山県の金蔵山古墳で発見されている。島状遺構は造り出しで行われていたとされる祭祀の場とも考えられているが、津堂城山古墳にも造り出しが確認できる。

藤井寺市教育委員会により着色された復原図。

隼人塚古墳 Hayatozuka Kofun

雄略陵い号陪冢

方墳
Square

不明　墳丘：長さ20m、高さ不明
Unknown Mound:length 20m, hight unknown

ほぼ全周を住宅で囲まれている。公園の端からわずかにその姿をのぞき見ることができる。

　宮内庁が雄略天皇陵の陪冢として指定しています。『日本書紀』に雄略天皇に仕えていた隼人（現在の鹿児島県に住んでいた人）が、雄略天皇の死後、飲まず食わずで泣き続け、ついに7日後に死んでしまったので雄略天皇陵の北に葬ったという記述があるからです。しかし、付近を発掘調査した結果、古墳だという証拠となる埴輪や土器のかけら、周濠などが発見されませんでした。このためじつは古墳ではないのでは、という説もあります。

This kofun is designated as a satellite tomb of Yuryaku-tenno-ryo Kofun by the Imperial Household Agency. The chronicles of Japan writes that because a Hayato (people lived in present Kagoshima Pre.) who had served Emperor Yuryaku continued crying without eating and drinking after the Emperor deceased and eventually died in seven days, they buried him at the north of the tomb of Emperor Yuryaku.

羽曳野市島泉
近鉄南大阪線「藤井寺」駅
北西へ徒歩20分

213

雄略天皇陵古墳

Yuryaku-tenno-ryo Kofun : the Mausoleum of Emperor Yuryaku

_{たじひのたかわしのはらのみささぎ}
丹比高鷲原 陵
_{しまいずみまるやま こ ふん}　　_{しまいずみひらつか こ ふん}
島泉丸山古墳＋島泉平塚古墳

| 円墳 Round | 方墳 Square |

5世紀後半　墳丘（丸山）：直径 75m、高さ 8m、（平塚）：長さ 50m、高さ不明
Second half- 5th century Mound: diameter 75m, hight 8m(Maruyama),length 50m, hight unknown(Hiratsuka)

雄略天皇陵古墳（島泉丸山古墳）
Yuryaku-tenno-ryo Kofun (shimaizumi-maruyama Kofun)

拝所
Place of worship

雄略天皇陵古墳（島泉平塚古墳）
Yuryaku-tenno-ryo Kofun (shimaizumi-hiratsuka Kofun)

羽曳野市

島泉平塚古墳は古墳ではないとの説がある。

　　21 代雄略天皇の墳墓として 2 つの古墳が天皇陵に指定されています。2 つをくっつけて前方後円墳のように見せていますが、方墳の島泉平塚古墳は明治時代に修復され、以降 2 つで雄略天皇陵になったという歴史をもちます。島泉平塚古墳で調査が行われましたが古墳らしい遺物は発見できませんでした。
　　拝所は方墳である島泉平塚古墳にしかありません。拝所は前方部に設けられるというルールに則っています。大王墳は前方後円墳でなくてはならないと明治期の為政者は考えたのでしょうか。その割には詰めがあまく、2 つの墳墓は濠で分断され、前方後円墳には見えません。

These two kofun are designated as the tomb of the 21st emperor, Emperor Yuryaku. While they look a keyhole-shaped kofun collectively now, these kofun were considered to be a single Imperial tomb together since the square Shimaizumi-hiratsuka Kofun was restored in Meiji period. A research on Shimaizumi-hiratsuka Kofun found no artifacts.

羽曳野市島泉
近鉄南大阪線
「藤井寺」駅下
車　北西へ徒歩
15 分

500m
羽曳野市
Habikino City
藤井寺駅
Fujiidera sta.

この位置から見ると前方後円墳のようにも見える。円墳側の島泉丸山古墳は古市古墳群のなかで最大。前方後円墳全盛時代は終わりかけていたので、雄略天皇陵が円墳でも不思議ではない。

レーザー測量図　Laser survey map

　図を見るとはっきりとその欺瞞がわかると思う。島泉平塚古墳には前方後円墳の前方部の特徴をまるで備えていない。他の前方後円墳のレーザー測量図と見比べていただきたい。わずかな盛り土をして、木を植えて前方部としたのであろう。ただ前方部の端の高まりは、正方形に近い方墳だったようにも見える。もともとあった方墳を接続したのか。

宮内庁立札 Imperial Household Agency Sign board

御陵印 Imperial tomb stamp

雄略天皇
丹比高
鷲原陵

雄略天皇 21代天皇

English

皇居：泊瀬朝倉宮（奈良県桜井市）
在位期間：安康天皇3年（西暦456）11月13日〜雄略天皇23年（479）8月7日
先代：安康天皇／**次代**：清寧天皇（P132）
父：允恭天皇（P176）／**母**：忍坂大中姫命／**皇后**：草香幡梭姫皇女
子女：清寧天皇、栲幡娘姫皇女、磐城皇子、星川稚宮皇子、春日大娘皇女

兄の過ちで始まる悲劇

　同じ母をもつ兄の安康天皇が雄略天皇の人生をある意味狂わせました。安康天皇は仁徳天皇の息子・大草香皇子に、妹である草香幡梭姫皇女を大泊瀬皇子（後の雄略天皇）と結婚させるように命じます。このとき安康天皇はそれを大草香皇子が断ったとの家臣の讒言を信じ、大草香皇子を殺害します。そして翌年、安康天皇は大草香皇子の妻、中蒂姫命を皇后に迎えるのです。結果として夫を殺害するという極端な略婚となりました。中蒂姫命には連れ子がいました。もちろん父親は大草香皇子です。この連れ子が眉輪王。眉輪王は7歳のとき父を殺したのは安康天皇と知り、母の膝枕で寝ていた安康天皇を刺し殺しました。この一件を知った雄略は怒り狂い、彼の人生を血族の血で染めるのです。

ライバルを次々と殺害

　兄を殺されたと知った雄略はまず同じ母から生まれた八釣白彦皇子を斬り殺し、続いて坂合黒彦皇子と眉輪王を同時に焼き殺します。ここで復讐は終わったはずなのですが雄略はつぎつぎと皇位継承の資格のある男性を殺害していくのです。皇位の継承を望んでその地位を簒奪したと考えるのが一般的ですが、最初に眉輪王ではなく間違えて八釣白彦皇子を殺してしまったことで、後には引けなくなってしまったとも思えます。

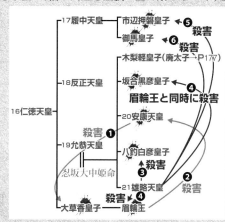

17履中天皇
市辺押磐皇子 → **⑤** 殺害
御馬皇子 → **⑥** 殺害
木梨軽皇子（廃太子→P177）
坂合黒彦皇子 → **④**
眉輪王と同時に殺害
18反正天皇
16仁徳天皇
20安康天皇
殺害 **❶**
19允恭天皇
八釣白彦皇子
❸ 殺害
❷ 殺害
忍坂大中姫命
21雄略天皇
殺害 **④**
大草香皇子 — 眉輪王

武力による朝廷支配を完成させる

　皇位に就いた雄略天皇は武力で日本を支配します。まずは朝廷内の有力な豪族の力をそぎ、天皇の権力を強化しました。そして大和朝廷を脅かす危険性のある地方の豪族に対しては軍勢を送り弱体化させていきます。埼玉と熊本で雄略の名が刻まれたとされる刀が見つかっています。それほど雄略の名は全国にとどろいていたのです。以降、地方の古墳は小型化していきます。大和朝廷に対抗するような勢力ではなくなったということです。

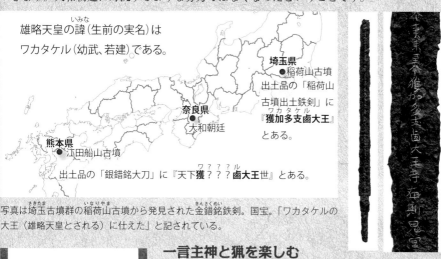

雄略天皇の諱（生前の実名）はワカタケル（幼武、若建）である。

埼玉県
●稲荷山古墳
出土品の「稲荷山古墳出土鉄剣」に『獲加多支鹵大王』とある。

奈良県
●大和朝廷

熊本県
●江田船山古墳
出土品の「銀錯銘大刀」に『天下獲？？？鹵大王世』とある。

写真は埼玉古墳群の稲荷山古墳から発見された金錯銘鉄剣。国宝。「ワカタケルの大王（雄略天皇とされる）に仕えた」と記されている。

一言主神と猟を楽しむ

　猟をしていた雄略天皇は山中で一言主大神（『日本書紀』では「一言主神」）とばったり出会います。雄略天皇は一緒に狩りをしないかと持ちかけ、2人は狩りを楽しみました。山から下りる雄略天皇を一言主大神は見送ったといいます。神と遊んだ雄略を見た民は「有徳天皇」とよんだといいます。

仁徳天皇一族にとどめを刺してしまう

　親戚の男子を殺害したことにより、仁徳天皇系の後継者が少なくなってしまいました。そして第25代武烈天皇でその血が途絶えてしまうのです。結局皇統は仁徳天皇の弟である稚野毛二派皇子の子孫に移りました。

滋賀県長浜市垣籠町にある垣籠古墳。稚野毛二派皇子の墓との伝承がある。

近つ飛鳥博物館

日本随一の古墳の展示を誇る博物館。立地する場所も一須賀古墳群に位置する。本物の古墳を使った展示も行われている。

Chikatsu Asuka Museum

This museum has the largest exhibit of kofun in Japan. It is located at Ichisuka Tumulus Cluster. There is an exhibit even using an actual tomb. The large shura (wooden sleigh) found between Nakayamazuka Kofun and Yashimazuka Kofun is displayed.

建物の設計は安藤忠雄。傾斜地を見事に生かした設計である。建物から突き出る塔は「黄泉の塔」と名づけられている。

仁徳天皇陵古墳（→P26）の復原模型。築造中のシーンを150分の1のスケールで再現している。かつてあった陪冢もまた表現されている。

津堂城山古墳（→ P210）から出土した水鳥形の埴輪のレプリカ。ここでは築造時の姿を再現。

石棺の展示。石の種類や形の相違などを知ることができる。

野中アリ山古墳（→ P154）から出土した鉄製の武具の築造時の状態を復原した展示。鉄の矢じりが取り付けられた武器は50本でひと束。総数約2600点の遺物が発見された。その膨大な数に圧倒される。また、これだけの武具を自分と一緒に埋葬させた権力者の力のすごさにも。

中山塚古墳（→ P167）と八島塚古墳（→ P168）の間の濠で見つかった修羅の本物が展示。

住所：大阪府南河内郡河南町東山299
電話番号：0721-93-8321
休館日　要問い合わせ

219

堺市博物館

大仙公園に位置する博物館。百舌鳥古墳群の展示が中心。仁徳天皇陵古墳（→ P26）に近く、探訪ルートにはかならず入れたい。

Sakai City Museum
This museum is located in Daisen Park, which features Mozu Kofun Group. Be sure to include in your exploration as it is close to Nintoku-tenno-ryo Kofun(→ P26).

仁徳天皇陵古墳から石棺が露出したとの記録がある。その記録をもとに再現された石棺などを展示。

```
500m
堺市
Sakai City    ★
                    百舌鳥駅
                    Mozu sta.
          上野芝駅
          Uenoshiba sta.
```

実物やレプリカの展示ばかりではなく、映像施設を使った展示にも力を入れている。ヘッドマウントディスプレイをかけて、仁徳天皇陵古墳の上空を散歩したり、築造当時の古墳をまるでその場所にいるかのような体験ができる。

←仁徳天皇陵古墳ＶＲツアー（有料）

住所：大阪府堺市堺区百舌鳥夕雲町2
電話番号：072-245-6201
休館日　要問い合わせ

羽曳野市文化財展示室

Habikino City Cultural Asset Museum
It features relics unearthed from Furuichi Kofun Group. The display is focused on restored haniwa.

500m
羽曳野市
Habikino City
古市駅
Furuichi sta.

古市古墳群から出土した遺物を中心に展示。展示の中心は復原された埴輪。さらに峯ヶ塚古墳（→P122）から出土した装飾品も展示。貴重な展示物を見ることができるが、平日しか開館していないことに注意。

住所：大阪府羽曳野市白鳥3-12
電話番号：072-958-1111
休館日　土日祝日

柏原市立歴史資料館

Kashiwara City History Museum
This museum exhibits the history between the Paleolithic Age and the modern period based on the relics unearthed in Kashiwara City.

柏原駅
Kashiwara sta.
安堂駅
Ando sta.
柏原市
Kashiwara City
500m
高井田駅
Takaida sta.

柏原市内から出土した遺物をもとに、旧石器時代から近世までの歴史を紹介する。古墳から出土した遺物としては、松岳山古墳から出土した円筒埴輪が展示。

住所：大阪府柏原市大字高井田1598-1
電話番号：072-976-3430
休館日　要問い合わせ

堺市立みはら歴史博物館

Sakai City Mihara History Museum
This museum houses 24 armors unearthed from Kurohimeyama Kofun(→ P103).

1000m
恵我ノ荘駅
Eganosho sta.
堺市
Sakai City

黒姫山古墳（→P103）から出土した24もの甲冑を所蔵する。また黒姫山の内部構造、出土遺物と出土状況なども細かに解説。黒姫山古墳を訪れた際にはかならず立ち寄りたい歴史博物館。

住所：大阪府堺市美原区黒山281
電話番号：072-362-2736
休館日　要問い合わせ

アイセル シュラホール

AICEL-Shura Hall
Iron swords, armors and haniwa are displayed in the zone of Kofun Period.

500m
藤井寺駅
Fujidera sta.
藤井寺市
Fujidera City

藤井寺市立生涯学習センター「アイセルシュラホール」の2階には旧石器時代から平安時代までの歴史をテーマにした展示がある。古墳時代のゾーン（「倭の五王の時代」）では鉄剣、武具、埴輪などが展示されている。建物は船形埴輪を模した。

住所：大阪府藤井寺市藤井寺3-1-20
電話番号：072-952-7800
休館日　要問い合わせ

もうひとつの王墓の里 奈良

奈良県はもうひとつの王墓の里といえます。多くの天皇陵がそこにあります。百舌鳥・古市古墳群を探索された後、ぜひ奈良県の古墳群も探訪してみませんか？写真は橿原市鳥屋町周辺です。

Nara: Another Home for Imperial Tombs
Nara Prefecture is another home for Imperial Tombs. Many Imperial Tombs are there. Why don't you visit the tumulus clusters in Nara after Mozu-Furuichi Kofun Group?

桝山古墳
Masuyama Kofun

宣化天皇陵古墳
Senka-tenno-ryo Kofun

参考文献　百舌鳥・古市古墳群世界遺産保存活用会議ホームページ／堺市古墳データベースホームページ／堺コンベンション協会ホームページ／羽曳野市ホームページ／羽曳野市観光協会ホームページ／藤井寺市ホームページ／藤井寺観光協会ホームページ／宮内庁ホームページ／『日本書紀』（小学館）／『日本書紀』黒板勝美編（岩波書店）／『日本のあけぼの5　古墳の造られた時代』白石太一郎著（毎日新聞社）／『百舌鳥古墳群をあるく』久世仁士著（創元社）／『古市古墳群をあるく』久世仁士著（創元社）／『検証 天皇陵』外池昇（山川出版社）

写真・図版提供　明日香村／大阪府／公益財団法人大阪府文化財センター／大阪府立近つ飛鳥博物館／岡山県／株式会社KADOKAWA／国土地理院／埼玉県立さきたま史跡の博物館／公益社団法人堺観光コンベンション協会／堺市／一般社団法人桜井市観光協会／曽木忠幸／高槻市／鶴岡八幡宮／長浜市／一般社団法人奈良県ビジターズビューロー／羽曳野市／ピクスタ／一言主神社／藤井寺市／松原市／三木市／百舌鳥・古市古墳群世界遺産保存活用会議／有限会社山岸プロダクション

装　　丁	邑上真澄
漫　　画	七科あこ（P34-37・116-119）
イラスト	倉本ヒデキ（表紙・カバー・P28）／七科あこ（帯・カバー・P32　114 115）／鹿島こたる（帯・カバー・P126・132・176-177）／紫野百鬼（P58・78・146・162・196-197・202・216）
翻　　訳	竹田敦子
標高データ	国土地理院
編　　集	伊藤康裕　西田真梨

世界遺産：百舌鳥・古市古墳群ガイド

2020年2月25日　初版第1刷発行

発行者	宗形 康
発行所	株式会社小学館クリエイティブ 〒101-0051 東京都千代田区神田神保町2-14 SP神保町ビル 電話　0120-70-3761（マーケティング部）
発売元	株式会社小学館 〒101-8001 東京都千代田区一ツ橋2-3-1 電話　03-5281-3555（販売）
印刷・製本	大日本印刷株式会社